A NOVA LÓGICA DO SUCESSO

ACELERE SUA VIDA PROFISSIONAL E NUNCA PARE DE CRESCER

A NOVA LÓGICA DO SUCESSO

ACELERE SUA VIDA PROFISSIONAL E NUNCA PARE DE CRESCER

ROBERTO SHINYASHIKI

AUTOR BEST-SELLER COM MAIS DE 7.5 MILHÕES DE LIVROS VENDIDOS EM TODO O MUNDO

A Rosely Boschini, minha irmã do coração;
você é um sinal do cuidado que Deus tem
comigo nesta viagem pelo planeta.

Agradecimentos

Na nova lógica do sucesso é preciso ter pessoas que nos ajudem a fazê-lo acontecer.

Eu sou muito grato a todos que construíram este livro comigo. Qualquer caminho fica mais fácil de trilhar, e mais bonito, quando temos ao nosso lado pessoas que nos amam e torcem por nós. Mais ainda, que dão tudo o que têm para nos ver vencer e ficam felizes com os nossos resultados.

Esta obra é mais um projeto que construí com a ajuda de parceiros leais e talentosos, a quem quero agradecer.

Agradeço a Marília Chaves, Gilberto Cabeggi, David Cohen e Rosely Boschini, pelo trabalho incrível na construção do texto. Cada um de vocês enriqueceu este trabalho com o seu talento para criar grandes histórias.

A colaboração de Priscilla de Sá, Rafael Prado e Denis Bai foi fundamental para a construção das ideias. Minha gratidão a vocês!

Recebi contribuições maravilhosas, ideias e apoio de lançamento de Danielle Sakugawa, Fabrício Santos, Margaret Miraglia, Kelly Nascimento, Rosângela Barbosa e Ricardo Shinyashiki. O que eu faria sem a assistência de vocês? Obrigada pelo trabalho e as estratégias para que este livro consiga chegar ao maior número de pessoas.

E, lógico, não poderia deixar de agradecer a todas as pessoas que leram os originais, criticaram, deram sugestões e enriqueceram a obra.

Somos um grupo muito grande e unido, e fica difícil citar um a um por nome, mas quero mencionar, em especial, Marcio Silva, Thiago Carvalho e Elton Parente, que contribuíram muito na fase de lapidação de minhas ideias.

Um agradecimento especial à minha esposa Cláudia Shinyashiki, que deu contribuições superimportantes para o conteúdo exposto aqui, com seu olho clínico para o comportamento humano e sua sensibilidade.

E, por último, a minha maior gratidão é com você, leitor, que me inspira e motiva a sempre pensar novas ideias para ajudá-lo a alcançar os seus objetivos. Escrevi esta obra pensando na sua realização e espero que ainda possamos caminhar muito juntos!

Como eu disse, a vida fica mais fácil e bonita quando a gente tem ao nosso lado parceiros que trabalham com amor pelo que fazem.

A todos vocês, o meu muito obrigado, de coração!

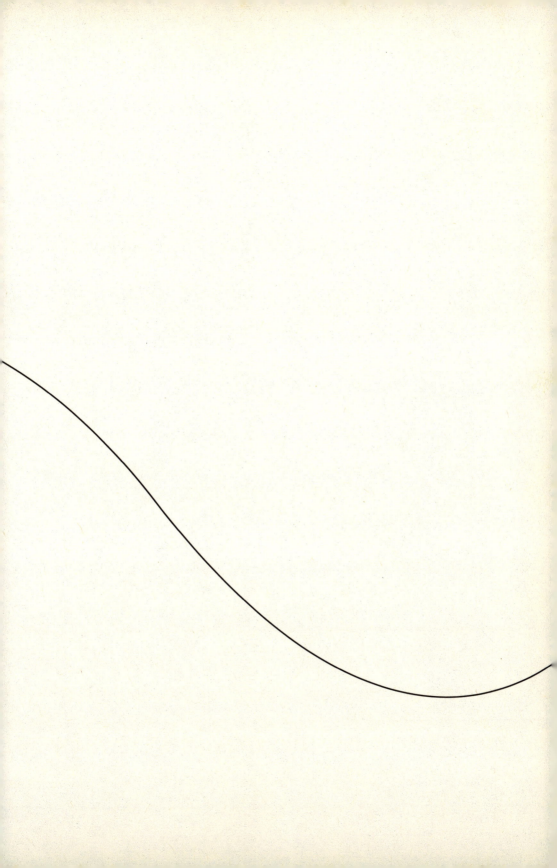

De repente

O MUNDO ESCURECEU

A esta hora, Carla devia estar comemorando sua promoção. Em vez disso, estava acordando, sozinha, na sala de um pronto-socorro, com um cateter de soro fisiológico entrando em uma de suas veias.

A última coisa de que se lembrava era de ter voltado para sua mesa depois de parabenizar Marcela, que acabara de ser promovida — ao cargo que deveria ter sido dela. Mal se sentou, sentiu-se tonta, a cabeça começou a girar e... ali estava ela.

O desmaio foi provavelmente a saída que o corpo de Carla encontrou para uma situação de extremo desconforto. Nos últimos anos, ela havia se esforçado incansavelmente pela tão sonhada vaga de gerente da grande empresa em que trabalhava. Dedicou horas e mais horas em projetos e apresentações.

No entanto, tudo parecia ter sido em vão. Sua carreira estava estagnada. Seu esforço não lhe rendia sequer elogios. Seu chefe direto agia como um carrasco. Tudo o que ele via eram falhas: devagar demais, estético de menos, complexo demais, resultado de menos... A cada entrega crescia a lista de insatisfações.

No começo Carla ainda se empenhou para dar mais retorno. Com o tempo, porém, via que nada do que fazia agradava muito, e foi se desestimulando. Ela gastava muito tempo no escritório.

Tinha muito trabalho, muitos incêndios a apagar, mas nenhum gol de placa que "fizesse seu nome".

Percebia que não se destacava. E sentia raiva porque seu trabalho não era reconhecido.

O rancor, em geral adormecido, voltava com toda a força quando via alguém ser promovido, enquanto ela mesma permanecia, ano após ano, plantada no mesmo lugar, na mesma sala, na mesma mesa.

Naquela tarde, quando viu Marcela receber os abraços de parabéns por sua promoção, a frustração tornou-se insuportável. Carla até tentou disfarçar. Abraçou a colega com um sorriso e voltou para sua mesa procurando esquecer que estava frustrada até o fundo da alma. E foi nesse momento que tudo escureceu.

Desolada, no pronto-socorro, Carla nem percebeu que Ademir, seu pai, entrara no quarto. Assim que o viu, não conteve o choro e desabafou:

— Eu não aguento mais!

— O que foi, minha filha?

— Eu não aguento mais aquela empresa! Nada que eu faço lá presta. De novo fui deixada de lado, enquanto uma menina que mal saiu da faculdade foi promovida!

O pai tentou acalmá-la, mas o desabafo prosseguiu, entre os soluços e as lágrimas.

— Eu tenho certeza de que o meu chefe me odeia. Ele sabe que eu sou melhor que ele, por isso não me deixa subir.

Mal terminou seu rompante, Carla mergulhou mais fundo no choro.

Ademir simplesmente a abraçou.

— Pai, a esta altura da vida, com 29 anos, eu só consigo morar sozinha porque você me ajuda com o aluguel e com as contas do carro. Eu trabalho como uma escrava, sei que estou fazendo tudo direito, sou a primeira a chegar e a última a sair, mas ninguém me reconhece.

Ademir rapidamente percebeu que os problemas no trabalho tinham provocado o colapso nervoso da filha. E, mais uma vez, perguntou-se em que momento a garota que sempre fora a melhor aluna da classe se tornou uma pessoa frustrada com a carreira.

Carla havia se formado em administração em uma faculdade de ponta e em seguida foi para os Estados Unidos fazer uma pós--graduação. Voltou cheia de planos e cobiçada por muitas empresas, mas ficou estacionada na mesma posição durante anos.

Em sua vida de empresário, Ademir já tinha visto isso acontecer muitas vezes: gente muito talentosa que se perdia por não entender a essência do trabalho em uma empresa. Sua filha estaria seguindo esse caminho?

— Ela entrou depois de mim, pai. E não sabe nem a metade do que eu sei de marketing... Ela me pergunta tudo. Ela se formou numa faculdade de quinta categoria. Só porque ela vive puxando o saco dos chefes. É a rainha do social.

As queixas de Carla ainda continuaram por um bom tempo.

Carla repetiu que não era valorizada, que outros analistas com menos tempo de casa já haviam sido promovidos, que ela não tinha dinheiro para pagar as contas, nem viajar nem fazer uma pós...

No final, quase gritando, pediu para o pai conversar com seus amigos para arranjar outro emprego para ela.

— Pelo amor de Deus, pai. Você precisa me ajudar. Vou desenvolver um câncer se continuar naquele lugar de gente incompetente, pequena e injusta. Me ajuda. Fala com alguém. Você conhece tanta gente!

— Filha, vamos pegar suas coisas e ir para casa tomar um chá? Antes de mais nada, quero que você se acalme.

Carla relutou, mas acompanhou o pai. No caminho, em silêncio, Ademir pensava em como falar o que a filha precisava ouvir. Ele intuía que o modo como ela encarava o trabalho estava errado, em grande parte por influência de Renato, o namorado dela, dono de uma pousada no litoral.

Quantas vezes havia percebido que o rapaz, em vez de procurar maneiras de melhorar sua carreira e também incentivar Carla, falava das injustiças do mundo empresarial?

Ademir sabia, porém, que precisava comentar sobre isso com cuidado. Não podia deixá-la pensar que mais uma vez não estava ao seu lado. Afinal de contas, ele não tinha sido um pai presente em muitos momentos de sua vida.

Sair da pobreza em que vivia na juventude para ser um empresário milionário custou algumas perdas importantes. E a amizade de sua filha tinha sido uma das maiores. Agora ele estava lutando para reconquistá-la.

Na casa dos pais, Carla finalmente conseguiu relaxar, enquanto tomava um chá preparado pela mãe. Então retomou a conversa com o pai.

— Pai, aquilo que eu falei não foi por conta do nervoso. Sobre precisar da sua ajuda...

— É claro que eu quero ajudá-la, Carla.

— Você vai falar com seus amigos? Eu poderia ir para a sua empresa também... Eu aprendo rápido, me esforço muito, você me conhece. Posso aprender qualquer coisa.

Ademir suspirou, olhou para a filha e se preparou para o que ia falar, ciente de que ela ficaria decepcionada.

— Carlinha... Eu vou ajudá-la, mas não pode ser desse jeito que você está dizendo. Você quer mesmo a minha ajuda?

— Ai, pai — disse a jovem, virando os olhos e imaginando que viria um grande sermão, parecido com aqueles que recebia quando era criança.

— Eu vou ajudá-la sim, mas primeiro você precisa de uma boa noite de sono. E de um tempo para recuperar seu ânimo e sua energia. Eu quero ajudá-la a fazer uma revisão de suas ideias.

— O que você quer dizer com isso?

— Filha, eu não tenho dúvidas de que você se esforça muito e também é muito capaz. Mas nem sempre as pessoas que trabalham muito são recompensadas.

"Você se lembra da padaria na esquina da rua onde ficava nossa casa, mas que fechou? O dono era o seu João. Ele acordava todo dia às 4 horas da manhã e ficava no balcão até as 10 horas da noite. Mas a empresa dele faliu.

"Durante toda a minha vida, vi donos de empresas que não prosperaram e profissionais que não foram promovidos, não porque não se esforçassem, e sim porque não faziam as coisas que precisavam ser feitas.

"Trabalhar mais não é a solução para seu problema. Eu admiro sua garra e dedicação, mas você tem de abrir a cabeça para trabalhar de uma forma mais produtiva."

Trabalhar mais
NÃO É SOLUÇÃO
para seu problema

Carla ficou olhando o pai, sem reação, e ele continuou:

— Filha, você está exausta porque está trabalhando muito, sem realizar seus objetivos. Lógico que bate uma angústia muito forte quando não vemos o resultado de tanto esforço. E você sempre pode culpar os obstáculos e as dificuldades, você não consegue colher os resultados que deseja porque, principalmente, está lutando da maneira errada.

— Mas, pai, eu tento avançar e tem uma parede na minha frente!

— Sempre vai haver uma parede, filha. Mas atravessar paredes não é difícil. Porque em algum lugar dessa parede vai haver uma porta. Você só precisa descobrir qual é a chave dessa porta. A maioria das pessoas quer atravessar a parede dando cabeçadas e no final ficam destruídas.

"Em geral a chave para ser valorizada pelos chefes", disse o pai, "tem a ver com proporcionar resultados para o negócio. Eu sou chefe de muita gente. Se a pessoa dá resultado, não importa quanto de 'social' ela faz."

— Pai, você tem ideia de quanto eu dou o sangue naquela empresa?

— Esforço não é resultado, filha. A maioria dos profissionais não sabe criar lucro para o negócio em que trabalham, ou para seus clientes. Isso tem a ver com visão. Quem avança mais rapidamente é quem pensa com cabeça de dono, quem resolve problemas, quem está afinado com os objetivos da empresa. Para crescer na sua carreira é preciso que você tenha novas ideias sobre o que produz de verdade o sucesso profissional.

— Mas, pai, eu não quero ficar pensando em dinheiro o tempo todo. Trabalhando como mercenária. Se eu quisesse só ganhar dinheiro não teria escolhido a minha área. Para mim é muito mais importante ser feliz no trabalho, fazer algo de que eu goste, realizar uma missão de vida.

— Filha, uma coisa não impede a outra. Os melhores profissionais sabem conquistar a felicidade tornando seus clientes felizes. Eles cumprem sua missão de vida gerando valor para si mesmos e para quem atendem.

"Lembra-se do que eu sempre falo? Clientes felizes dão mais lucros. Isso é a felicidade profissional: ajudar os outros a serem felizes. Isso é contribuir com o mundo através do seu trabalho. E não tem nada de errado em ganhar dinheiro enquanto se faz isso."

Carla não conseguia esconder a sensação de não se sentir compreendida nos seus valores e naquilo que acreditava.

Sentiu como se o pai estivesse contando uma historinha bonita para convencê-la de que aquela realidade era normal, uma realidade em que ela nunca se dava bem.

Carla pensou que se ele fosse um pai de verdade ficaria de seu lado. E se tivesse a oportunidade de ser pelo menos uma supervisora, tudo estaria resolvido. Só bastava que alguém abrisse uma porta e ela brilharia.

No entanto, pela conversa do pai, ele também não a queria como chefe na própria empresa, nem nas dos amigos.

"O Renato tinha razão", pensou. O namorado sempre dizia que seu pai havia se tornado rico numa época em que havia mais oportunidades, em que bastava trabalhar duro para ser bem-sucedido... e agora achava que sabia a fórmula do sucesso, sem perceber quanto o mundo tinha mudado.

GANHAR DINHEIRO
é simples?

Naquela noite, embora ainda exausta, Carla pensou muito tempo no que o pai havia lhe dito.

Não conseguia deixar de sentir raiva por ele não lhe ter oferecido um emprego, ou pelo menos tê-la recomendado. Tampouco conseguia esquecer o que ele havia dito — um emaranhado de lições de moral, que incluíam até mesmo a chave para atravessar paredes:

> Ganhar dinheiro é simples, desde que a pessoa trabalhe com a visão de gerar lucro. O lucro é o oxigênio que permite que a empresa continue a crescer.

> O genial é simples, mesmo que não seja sempre fácil. Ganhar dinheiro exige cabeça voltada para produzir riquezas.

> Se você não **PRODUZ LUCRO** para o negócio em que trabalha, não tem como ganhar dinheiro para si mesmo.

O pai citou grandes empreendedores que ficaram bilionários ajudando milhões de pessoas a resolverem seus problemas e serem mais felizes.

Falou sobre Bill Gates, que construiu a Microsoft numa época em que os computadores eram monstros enormes e só as grandes empresas tinham condição de ter um. O sonho dele era colocar um computador na mesa de cada cidadão do mundo. Ele fez uma revolução que ajudou milhões de pessoas — e se tornou o homem mais rico do mundo.

Steve Jobs era um empresário guiado pela vontade de fazer produtos melhores, inovadores, mais fáceis de usar. Quando via algum aparelho que não funcionava de forma simples e eficiente, achava que estava diante de uma grande oportunidade. Ajudou milhões de pessoas a terem experiências melhores com a tecnologia e assim tornou sua empresa, a Apple, a mais valiosa do planeta.

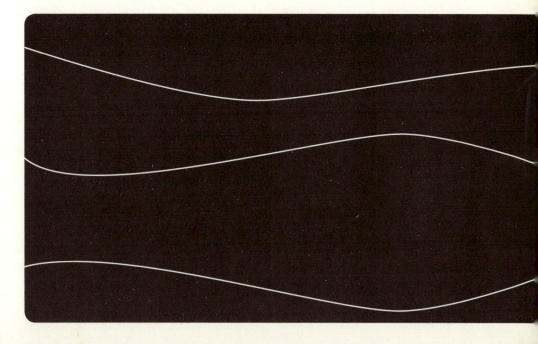

Larry Page e Sergey Brin também ajudaram muitas pessoas. Eles criaram um mecanismo de busca de conteúdo na internet que se impôs como o melhor do mundo. O Google, a empresa deles, tornou-se um gigante da tecnologia.

Segundo o pai de Carla, o que mais importava não era se esses grandes empresários eram geniais, e sim o fato de que conseguiram fazer algo que as pessoas valorizam. E tornaram-se ricos porque ajudam as pessoas. Fizeram muito sucesso porque souberam tornar sua paixão em algo que resolve algum problema das pessoas.

Carla resmungou para si mesma:

— De que adianta meu pai me falar de Bill Gates... Não dá para me comparar com ele. Meu pai não me entende mesmo...

Ele propôs que ela conversasse com alguns amigos para orientar sua carreira. "E quem precisa de orientação?", pensou. Ela precisava era de oportunidades. Será que ninguém estava precisando de uma excelente profissional?

Antes de dormir, Carla ligou para Renato, seu namorado. Falou da crise no escritório, queixou-se da empresa e contou a conversa que teve com o pai.

— Seu pai não entende você, disse Renato. Ele pensa assim porque se deu muito bem na vida com a empresa dele. Mas eram outros tempos. Não estou dizendo que ele não batalhou, mas teve muita sorte. Hoje é muito mais difícil.

Carla já tinha ouvido aquela conversa outras vezes, e nesse momento era reconfortante que Renato a repetisse.

— A sua empresa não valoriza você, assim como as pessoas não valorizam a minha pousada. Você só vê lixo por aí fazendo sucesso porque uma celebridade qualquer encheu a bola da pessoa, ou porque algum ricaço investiu nela. Olha quantos restaurantes porcarias estão lotados, às vezes só porque saíram na revista da moda. Olha a sua prima, a Juliana. Não é a melhor dentista que você conhece? Com 25 anos a garota já tinha duas pós-graduações, tem o maior cuidado do mundo com os clientes, e mesmo assim está sempre com a corda no pescoço. Não consegue ganhar dinheiro! Estudou tanto para nada. E quantos médicos meia-boca estão com os consultórios lotados, enquanto outros que fizeram milhões de pós-graduações estão sem clientes.

Como quase sempre nessas conversas, os dois terminavam concordando com uma espécie de refrão: "O mundo não sabe o que é bom, o mundo é injusto".

Renato era engenheiro, mas tinha sido demitido havia alguns anos e foi para o litoral, cuidar da pousada que seu pai comprara para ele.

Assim como no antigo emprego, ele também não estava indo bem na vida de novo empresário. Seus pais diversas vezes tiveram de colocar dinheiro no negócio para manter a pousada.

Quando Renato criticou Ademir por não ajudar a filha, Carla reagiu:

— Ele disse que vai me ajudar.

— Finalmente, né? Ele vai te dar emprego?

— Não. Nem vai me recomendar para os amigos que têm empresas ou executivos. Ele quer que eu converse com uma psicóloga de carreira, antes de qualquer coisa. Ele acha que eu preciso fazer uma espécie de revisão total de carreira.

— Revisão? Para quê? Você vai entrar nessa?

— Vou falar com uma psicóloga amiga dele, que orienta executivos. Ele quer que eu mude minha maneira de ver a empresa...

— A empresa é que tem de mudar a maneira de ver você — rebateu Renato. — Ele quer é que você fique conformada, entre no esquema.

— Eu sei... Mas a mulher é até famosa no meio dela, não custa nada ouvir o que ela tem a dizer.

Carla desligou o telefone defendendo o pai, mas concordando com o namorado. Contar os problemas para uma psicóloga parecia ridículo naquela situação. E o cenário era simples: ela era supercompetente, mas não tinha caído nas graças do chefe.

MEU PROBLEMA É
meu chefe!

Priscilla é psicóloga especializada em carreira, com muita experiência na área de orientação profissional. Faz trabalhos de *coaching* para profissionais de grandes empresas.

Na primeira sessão, Carla estava um pouco nervosa, achando que encontraria uma senhora da idade do pai, que já soubesse de toda sua história. No entanto, ela era, no máximo, dez anos mais velha que Carla e a recebeu com um sorriso largo.

— Qual o seu problema, Carla? — começou Priscilla.

— Meu problema? Meu pai insistiu que eu viesse, mas eu não tenho problema — disparou Carla.

— Não? Que maravilha!

— Quer dizer, meu problema não sou eu. É o meu chefe. Eu me esforço, trabalho mais do que devia, e ele nunca reconhece o que faço de bom. Sabe a garota invisível na reunião? Sou eu!

— O que faz com que você se sinta invisível?

— Ninguém pergunta a minha opinião e, quando eu começo a falar, as pessoas mexem no celular, ficam rabiscando à toa e depois decidem sem nem considerar as minhas ideias.

— Como você se sente quando isso acontece?

— Um lixo... Um peixe fora d'água neste mundo cheio de gente falsa e que valoriza atributos sem importância.

— Que atributos a empresa em que você trabalha valoriza?

— Puxa-saquismo, por exemplo. Uma garota que mal terminou a faculdade foi promovida. Ela passa a maior parte do tempo circulando pela empresa, enquanto eu fico o dia todo dando um duro danado no computador.

Carla foi desabafando tudo o que já havia dito ao pai. Seus olhos ficaram marejados quando contou sobre a crise que a havia levado ao hospital. A psicóloga, porém, não se comoveu com a situação dela.

— Você me diz que sua carreira não engrena por causa da empresa, do chefe e dos colegas que você chama de puxa-sacos. E como era nas outras empresas em que trabalhou?

Carla se ajeitou na cadeira e continuou:

— Nas outras empresas eu não tinha desafios. Por isso, quando recebi a proposta de trabalhar para essa companhia, ganhando um pouco mais e com a possibilidade de crescer, não pensei duas vezes.

— Se você recebeu uma proposta é porque seu currículo é atraente, mas talvez alguns comportamentos não a estejam ajudando a crescer.

— Não sei o que o meu pai lhe falou sobre mim, mas só preciso sair daquele lugar e ir para uma nova empresa.

— Seu pai apenas disse que você é uma profissional talentosa e que pode crescer muito se bem orientada.

Carla gostou de ouvir que o pai se referia a ela como "talentosa".

— Meu pai tem tantos amigos que poderia simplesmente me indicar para trabalhar na empresa de algum deles. Eu sei que eu faria um bom trabalho — completou Carla.

— Mas você comentou agora há pouco que o problema é seu chefe. Na empresa do seu pai você vai continuar tendo chefes. Será que ter chefe é realmente a causa dos seus problemas?

— Você fala isso porque não tem chefe! — retrucou Carla.

— Eu não tenho chefe, mas vejo muitos por aqui. Tanto chefes como subordinados. Aliás, hoje em dia todo mundo é chefe e subordinado ao mesmo tempo. A diferença entre os que se tornam líderes e aqueles que não dão em nada é que os vencedores procuram trabalhar suas dificuldades, enquanto os perdedores só querem que eu me una a eles na acusação contra o mundo, na autopiedade.

Carla sentiu o baque da resposta, e ficou calada. Depois de alguns segundos, Priscilla continuou:

— Brigar com os chefes é um modo de desperdiçar seu talento. Vou lhe contar uma história: uma vez fui chamada para cuidar da preparação mental dos atletas em um campeonato de iatismo. Um dia, no café da manhã, chegou uma competidora claramente estressada e me disse: "Você viu o vento hoje?". Eu disse: "Não. Por quê?". E ela respondeu: "O vento está péssimo!".

"Nesse momento me dei conta de que ela estava à procura de uma desculpa para o fracasso em uma prova que ainda ia acontecer. Então perguntei se o vento estaria ruim só na raia dela. 'Lógico que não!', ela me respondeu. Aí eu falei: 'Não existe vento bom ou ruim. Existem pessoas que buscam desculpas para o fracasso. Todos vão navegar no mesmo lugar. No entanto, alguns buscam a vitória, outros, desculpas'.

"Com vento assim ou assado, alguém ia ganhar aquela regata. E seria bom se fosse ela..."

— Porém, ela não ganhou — acrescentou Carla.

Priscilla apenas sorriu, contente por perceber que Carla havia entendido seu recado.

— Em vez de se concentrar em buscar uma estratégia para a

vitória, ela estava procurando uma desculpa para o possível fracasso. Será que o seu caso não é parecido, Carla? Seria muito mais produtivo se você colocasse sua energia em descobrir uma maneira de conseguir o que quer, em vez de procurar um culpado para suas dificuldades.

Carla ficou pensativa mais uma vez, e Priscilla continuou:

— Observe que a maioria das pessoas que não sobe na vida coloca sempre a culpa fora de si. É o chefe, é a empresa, é o mercado... É o vento. Isso pode ser visto claramente em uma empresa. Você está num ambiente corporativo, então vai entender bem o que quero dizer. Um gerente de produto pode dizer que seu lançamento não emplacou porque não havia dinheiro para marketing, ou porque o país está em crise, ou a equipe comercial é um problema. Mas será que ele fez mesmo tudo o que era necessário para gerar as vendas? Um gerente de sucesso antecipa os problemas que pode encontrar e lida com eles. Você precisa ter a mente focada no que funciona.

"Eu só posso ajudá-la se estiver interessada em desenvolver um olhar para o que precisa ser feito, em vez de buscar uma causa para o que você não consegue realizar, independentemente do tipo de chefe que tem", concluiu Priscilla.

A psicóloga levantou-se e disse que gostaria de aprofundar esse tema na próxima sessão.

No caminho para a porta, Carla disparou:

— É isso o que meu pai quer que eu pense? Que a culpa dos meus problemas é toda minha? Sem nem saber como é o meu dia a dia?

— O meu cliente não é seu pai. E ele não sabe nem saberá o que a gente conversa aqui, pode ficar tranquila. E sim, em geral o modo como lidamos com os problemas é uma escolha nossa. Tente não ficar chateada com as pessoas que se recusam a vê-la como uma coitadinha.

O MUNDO me deve alguma coisa?

— Já entendi qual é a dessa psicóloga — disse Renato, à noite, enquanto os dois namorados jantavam.

— Ela faz o jogo das empresas. Vai levantar um pouco sua bola, depois dizer para você trabalhar com mais afinco, entregar-se mais. E que a melhor coisa do mundo é ganhar uma plaquinha de colaborador do mês — acrescentou com sarcasmo.

— Puxa, Renato, você parece que não está ouvindo. Para seu conhecimento, ela disse exatamente o contrário do que você está pensando. Ela disse que tinha certeza de que eu já trabalhava o bastante, mas que o sentimento de ser injustiçada desgasta muito. E que eu tinha de saber colocar a energia no lugar certo. Disse também que uma pessoa que se sente vítima do mundo, no fundo, é arrogante e sem senso de direção. Quer que o mundo inteiro mude só para ela se sentir confortável.

Renato ficou em silêncio, e Carla continuou:

— Uma pessoa assim não procura resolver seus problemas, mas sim convencer os outros de que "o mundo sempre deve algo a ela". A verdade é que hoje as pessoas estão parando de olhar para dentro de si em busca de opções e soluções para a própria vida.

— Estou vendo que essa mulher fez sua cabeça! — concluiu Renato.

— Não, eu ainda acho que meu chefe é um estúpido. Ela, porém, marcou um ponto, sim. Tem gente que consegue lidar bem com ele, então deve haver algo que eu possa fazer para melhorar a situação...

NÃO TRABALHE MAIS, *trabalhe melhor*

No dia seguinte, Carla não teve tempo sequer de aplicar qualquer mudança de atitude no trabalho. Mal chegou e descobriu que havia sido demitida.

Disseram-lhe que o motivo era corte de custos, mas isso não aliviava muito a sensação de tristeza. Ser dispensada, mesmo quando já queremos sair da empresa, é sempre frustrante, ainda mais quando a demissão é comunicada por alguém que não admiramos.

Ao chegar ao carro, depois de arrumar suas coisas e se despedir dos colegas, Carla começou a chorar. Decidiu ligar para o pai. Sentia vergonha de contar sobre a demissão, mas ele era a pessoa que sabia exatamente o momento pelo qual ela estava passando.

— E eu que achava que não podia ficar pior... — começou ela.

— Talvez isso seja bom para você, minha filha. Vai ajudá-la a encontrar o rumo certo.

— Por que você não me ajuda a encontrar o rumo certo, pai?

— Como você gostaria que eu a ajudasse, Carla?

— Levando-me para a sua empresa! Eu podia ter um cargo bom. Não me importaria de começar como gerente. Eu sou esforçada e aprendo rápido, ia subir logo. Eu magoo muito por você não confiar em mim.

— Filha... Eu adoraria que você entrasse na empresa, e eu confio muito em você. Eu acho que você deve entrar para o negócio da família, mas ainda não é o momento. Se eu a colocasse como diretora, ou mesmo gerente, agora, não seria bom nem para você nem para a empresa.

Carla ficou calada, sem acreditar muito no discurso do pai.

— Eu quero realmente que você trabalhe comigo, até mesmo tome o meu lugar. E isso vai acontecer, quando estiver preparada. Eu acho que você vai se preparar melhor no mundo lá fora, não protegida na empresa do papai. Eu confio tanto na sua capacidade, que acredito que vencerá trilhando o próprio caminho! Não tenho dúvidas de que você pode aprender, filha. E a vida me ensinou que o jeito mais rápido e eficaz de aprender de verdade é fazendo por conta própria. Vencer pelas próprias forças é uma sensação incomparável. Se você não tiver essa experiência, sempre vai ter uma dúvida sobre o seu real valor.

— Não é verdade, pai. Eu posso aprender tudo de que eu preciso com você.

e vencer pelas próprias forças é uma sensação incomparável

— Não é a mesma coisa, filha. É na dificuldade que a gente cresce. Você sabe que quando seu avô morreu eu só tinha 13 anos. Quando olho para trás, percebo que naquele momento, desde quando papai ficou doente até sua morte, precisei acionar todos os recursos que meu cérebro de criança tinha para sobreviver. Dali em diante, trabalhei sem nunca chegar atrasado, e depois ainda me dedicava ao máximo na escola. Porque eu via em tudo o que fazia a importância da minha família, o amor pela

minha mãe, que
se superar para
superar a dor. Eu
como pessoa... Eu
Tornei-me outro.
exigiu que eu
diferente.

Carla entendia
No entanto, todo
soava   como
— Eu sei, pai.
ria é de uma bata-
graças a Deus você
Por que eu tenho
ma provação?
— Pela mesma
de realizar o pró-
vezes, para isso é

também tinha de
cuidar da gente e
não me "melhorei"
mudei totalmente.
Porque   a   vida
fosse radicalmente

como o pai se sentia.
aquele discurso lhe
rejeição.
Eu sei que sua histó-
lha   incrível. Mas
está aí, vivo, rico.
de passar pela mes-

não, filha. Você tem
prio caminho. E, às
preciso mudar quase

tudo na sua maneira de pensar. Você tem de se transformar.

Carla teve vontade de desligar o telefone na cara do pai, para não ter de ouvir mais uma lição de moral, em vez do apoio de que precisava. Disse, então, que estava exaurida, que ia para casa descansar.

No dia seguinte, o pai a levou para almoçar e, depois de

quase uma hora falando de amenidades, ele retomou a conversa profissional.

— Carla, eu sei que perder o emprego é chato. Mas será bom, se você conseguir extrair uma lição desse episódio e mudar o seu jeito de encarar a vida e o trabalho.

— Como assim, pai?

— Existem dois tipos de trabalho: um é focado na ação, outro, no resultado. A maioria das pessoas trabalha com foco na ação. Elas valorizam "o que estão fazendo". Algumas outras focam no resultado; essas valorizam "o porquê". Você, pelo visto, estava totalmente focada na ação. Então, na hora da dificuldade, você não é vista como imprescindível. As pessoas mais valorizadas são aquelas que trabalham com foco no lucro. Por que grande parte dos CEOs das empresas vem de alguma área com forte ligação com finanças? Porque se espera que o líder da companhia traga lucros e dividendos aos acionistas. Não é perseguição, é natural: se você tem uma empresa, vai olhar mais e cuidar mais dos funcionários que trazem mais lucro. Nos últimos tempos virou moda dizer que "o grande diferencial nas organizações é o ser humano". Eu acho isso importante, mas o que o mercado valoriza mesmo é o ser humano que dá lucro para a empresa.

— Pai, isso é fácil de falar, mas, na prática, as pessoas têm um chefe. E, no meu caso, ele era muito ruim, me enchia de tarefas de baixa prioridade e me impedia de fazer as coisas que realmente importavam...

— Pode ser... Tem muito chefe ruim por aí. Se um chefe faz muita coisa errada, você tem de trocar de chefe — e isso pode significar trocar de empresa. Mas também acontece o contrário. Muitas vezes, o chefe só parece ruim porque os funcionários não entendem o que ele quer, ou precisa fazer.

— Você está defendendo o meu chefe?

— O que eu digo é: sua meta tem de ser coerente com a meta do seu chefe. A empresa precisa desse alinhamento. Dessa forma você mostra que pode ocupar o lugar do chefe, e ainda o ajuda a subir. E, ao crescer, ele também a faz crescer.

Carla não estava acreditando que o pai, em vez de apoiá-la, estava tomando o partido da empresa!

— Para você é fácil dar essas lições de moral. Você nem conhece o meu chefe. Quer dizer, meu ex-chefe. Você fala como se eu não fizesse nada direito. Mas era eu que carregava aquele departamento nas costas! Quero ver como eles vão se virar sem mim...

— Filha, desculpe falar assim. Eu tenho certeza de que você trabalha muito. Esse não é o problema. Seu desafio é saber trabalhar no que produz mais resultados. O segredo da boa remuneração não é trabalhar mais que os outros. É ter uma competência especial: trabalhar no que dá resultado. O profissional que ganha dez mil reais não trabalha dez vezes mais que aquele que ganha mil reais por mês. Nem o profissional que ganha cem mil reais trabalha cem vezes mais do que o outro. No entanto, provavelmente o que ele sabe e faz traz resultados cem vezes melhores.

Como sempre acontecia após os encontros com o pai, Carla saiu do almoço com sentimentos contraditórios. Tinha raiva porque o pai não a compreendia e ajudava, mas sentia que suas palavras mereciam alguma reflexão.

A PRIMA
superatarefada

No dia seguinte Carla estava se arrumando para ir ao consultório de Priscilla quando o telefone tocou.

Era Juliana, sua prima, um pouco mais velha que ela. As duas eram amigas próximas desde a infância, mas havia tempo que não se viam. Também, pudera, ela saía tarde da empresa, enquanto Juliana precisava atender os pacientes de seu consultório odontológico até altas horas, pois precisa muito do dinheiro.

— Oi Ju! Que saudades! — Carla atendeu.

— Carla, você está bem? Minha mãe contou que você foi mandada embora e passou mal. Fiquei preocupada — disse a prima, com seu jeito elétrico de falar.

— Mas já está todo mundo sabendo? Poxa, Juliana... — Carla não conseguia esconder a vergonha de um fracasso na vida profissional.

— Não tem como esconder essas coisas, né? Mas me conta essa história de ser mandada embora. Você é a minha prima mais certinha, mais estudiosa... O que aconteceu?

— As coisas já estavam péssimas há mais de um ano. Eu trabalhava muito, dava o sangue, praticamente não tinha vida fora da empresa e mesmo assim o que eu entregava nunca estava bom. Meu chefe me odiava, porque eu tinha muito mais formação que ele.

— Nossa, Carla, que situação... Lá no consultório a coisa está tensa também. Estou me dando conta de que tenho só dois braços, 24 horas num dia e que para ganhar dinheiro com o que o pessoal quer pagar na consulta é praticamente impossível. E o que você vai fazer agora?

— Não sei ainda. Você sabe que meu pai me mandou conversar com uma psicóloga, né?

— Ué, para quê?

— Ele decidiu que ia me ajudar, mas não do jeito que eu queria. Quer que eu mude de cabeça para poder começar a crescer.

— Ah, com certeza ele consegue arrumar um emprego novo para você, Cá.

— Ele não quer! Até implorei por uma vaga na empresa dele ou de qualquer amigo, mas não adiantou. Todo mundo faz isso pelos filhos, menos o seu Ademir!

— É, o tio é muito caxias. Capaz que ele seja até mais rigoroso com você do que seria com outra pessoa.

— Pois é. Deixa eu ir, está na hora da minha consulta com a psicóloga. Tenho outra consulta para apanhar mais um pouco — riu Carla, aliviada de falar com Juliana. — Depois te ligo.

— Me liga, sim. Vê se não some!

Os três
TIPOS DE
injustiçados

Carla ainda estava desconfiada quando chegou para a segunda sessão com Priscilla. Mas acreditava que a psicóloga podia ajudá--la a entender a demissão. Ela se sentia ao mesmo tempo angustiada pela perda do emprego e aliviada, por ter tirado o peso daquele trabalho das costas.

— E então, Carla? Como foi a sua semana no trabalho, depois do nosso papo? — começou a psicóloga.

— Não muito boa, doutora. Fui demitida.

— Ótimo! — disparou a psicóloga, sem nem pestanejar. — Agora você não tem alternativa. Nada melhor do que um chacoalhão para largar mão do sentimento de injustiça e começar a trilhar o caminho da transformação.

— Você diz isso porque não foi você que ficou sem salário — disse Carla, irônica.

Ao perceber que Carla estava repetindo aquele seu velho discurso improdutivo, a psicóloga pontuou:

— Você tem ideia de por que foi dispensada?

— Provavelmente para colocarem uma iniciante mais barata no meu lugar.

— Então você acha que custava caro para a empresa... Sabe em que momentos eu penso que uma bolsa, um restaurante ou um médico custam caro? Quando eles não valem quanto eu estou pagando. Quando não têm qualidade, não vão durar ou não resolvem o meu problema. É isso o que você pensa de você?

Carla sentiu uma onda de calor se formar no estômago e subir até o rosto. Priscilla continuou, mais docemente:

— Carla, você não precisa ser vista como uma colaboradora cara. Nem barata. Você tem tudo para ser a colaboradora preciosa. Você tem de ter um desempenho tão especial que seu chefe tenha medo de que peça demissão.

Se você não estava ganhando quanto gostaria, é porque não estava resolvendo problemas da empresa. Entende? O melhor de você não estava em sintonia com os objetivos principais da empresa.

Carla fez sinal de que concordava, e Priscilla continuou:

— Eu sei que mudar dói, Carla. Todos os nossos comportamentos estão a serviço das nossas certezas absolutas. Quanto mais os repetimos, mais as reforçamos.

Carla sentiu-se atraída por essa promessa de ser uma profissional valorizada.

— E como se rompe um padrão desses?

— Com vontade e suporte. O mais importante é você perceber quanto seu papel de vítima pode estar atrasando seu sucesso. A síndrome do injustiçado é mais comum do que se imagina.

— Existe uma síndrome do injustiçado? — surpreendeu-se Carla.

— Pela minha experiência, digo que existem três tipos de "injustiçados".

"O primeiro é o colaborador que não se sente valorizado. Pensa que tudo é um jogo de poder, que vence quem fizer a melhor política e ignora que o processo de reconhecimento é extremamente simples.

3 tipos comuns de injustiçados

colaboradores que não se sentem **valorizados**

profissionais liberais **sem** clientes

empresários **sem tempo** nem dinheiro

A política existe, mas um profissional que gera resultado escapa da maioria desses jogos. Por isso, o melhor método para crescer é gerar lucro para a empresa e encarar a meta dela como sua meta.

"O segundo tipo de injustiçado faz parte do grupo dos profissionais liberais que vivem com escritório vazio. É o caso de muita gente que, depois de uma carreira como executivo, se torna consultor, ou porque foi demitido ou porque se aposentou. No entanto, todo seu conhecimento e experiência não traz clientes e por isso ele se sente injustiçado. O que esse tipo de profissional não percebe é que hoje é preciso ter muito mais do que o conhecimento técnico.

"Muitos médicos dizem que o paciente não é leal. Mas será que o médico é leal ao seu paciente? Eles telefonam no dia seguinte para saber se o paciente está melhorando? Paciente que continua doente e não consegue falar com seu médico vai mesmo procurar outro.

"Outro erro do profissional liberal sem clientes é sentar e esperar que eles apareçam. Um psicólogo, por exemplo, tem de ser conhecido além do consultório. O boca a boca funciona, mas ele tem de montar um consultório como se fosse uma empresa. Por isso, deve encarar como parte do seu trabalho dar entrevistas, mostrar seu conhecimento em eventos, fazer um trabalho nas redes sociais, publicar livros — enfim, estabelecer-se como autoridade em algum assunto.

"O terceiro injustiçado é o empresário sem dinheiro nem tempo. A maioria dos empresários começa seu negócio pensando em se tornar um milionário e ter uma vida sem horários nem cobranças. Depois de algum tempo, comemora ter dinheiro para pagar as despesas, mas descobre que se tornou um escravo da própria empresa. E o pior: com um turno de trabalho de 24 horas, sete dias por semana.

"Boa parte das pessoas que monta uma empresa faz isso de forma amadora. Depois de um tempo, desistem porque não trabalham com a mente adequada para fazer o negócio prosperar."

Priscilla sentiu que era o suficiente por aquela sessão. Para amenizar a saída de Carla, frisou:

— Lembre-se de que sua mente define seu sucesso. Sua volta por cima nesse processo todo vai depender muito das ideias que você considera verdades absolutas na sua vida.

Você tem de desenvolver a certeza absoluta de que vai ser diretora de uma grande empresa. E, quando tiver essa certeza absoluta, será capaz de realizar tudo o que sonhar. Estará pronta para desenvolver estratégias que a farão atingir seus objetivos.

Carla sorriu, entre esperançosa e descrente, e Priscilla perguntou:

— Posso lhe dar uma tarefa?

— Pode...

— Quero que você faça uma lista de suas certezas absolutas sobre si mesma, sobre os outros e sobre o mercado de trabalho. Vamos analisá-las no nosso próximo encontro.

De alguma maneira, Carla foi para casa sentindo-se menos injustiçada. E isso era um grande avanço.

O COMEÇO da crise com O NAMORADO

Nos dias seguintes, Carla decidiu que valia a pena tentar essa transformação. Não que confiasse plenamente em Priscilla ou na visão de mundo do pai, mas fazia sentido tentar exercer mais controle sobre a própria vida — e não só a profissional.

Havia um problema, porém: Renato. Por mais que gostasse dele, foi fácil identificar que era um típico membro do clube dos injustiçados de que falava Priscilla. E, durante um jantar em que tentou abordar o assunto, sua receptividade foi a pior possível.

— Estou vendo que a lavagem cerebral que seu pai encomendou para você está funcionando — disse ele.

E Carla retrucou na mesma moeda:

— Se o *coaching* é uma lavagem cerebral, talvez você deva fazer, porque o seu cérebro está ficando cheio de teias de aranha!

Aos poucos, Carla começava a pensar em Renato como uma força que a puxava para baixo, em vez de impulsioná-la para a frente. E começou a questionar se queria que ele fosse o pai de seus filhos no futuro.

O modelo mental
DO CRESCIMENTO

A rusga com Renato deixou Carla chateada. Contudo, curiosamente, tornou-a mais segura de que queria dar uma reviravolta profissional. Passou a acordar mais cedo para ir atrás de oportunidades. Refez contatos antigos, enviou dezenas de currículos, ampliou sua busca por empresas menores e outros ramos de atividade. Tinha gana de trabalhar, não era hora de bancar a difícil.

Na conversa seguinte com Priscilla, estava com sua lista de certezas na mão.

— Ótimo — disse a psicóloga. — Hoje eu vou lhe dar algumas ferramentas para facilitar seu crescimento. — E iniciou uma pequena preleção.

"Sabe a diferença crucial entre os atletas de alta performance e os de fim de semana? O atleta amador às vezes treina muito, mas gasta a maior parte do tempo treinando as coisas que lhe fazem bem. Um atleta de ponta encara aquilo que não é bom, como um desafio. Quando ele vence esse desafio, elimina as deficiências e dá um salto qualitativo na carreira.

"Quem treina no que é ruim se torna não apenas alguém com uma habilidade a mais, mas um ser humano de espírito fortalecido e com brilho especial.

"No entanto, existe uma força poderosa que tenta nos impedir de enxergar nossos pontos fracos. São as ilusões fatais que golpeiam nosso crescimento: 'Daqui a pouco isso se resolve', 'Pior do que está não pode ficar' e 'Alguém vai resolver para mim'.

"Elas são o alimento do comodismo, da inércia, da falta de vontade.

"Pensar que tudo vai se resolver sozinho em algum momento e de alguma forma é um dos piores exemplos do comodismo. Infelizmente, acontece o tempo todo na vida afetiva das pessoas.

"É como o funcionário que pensa que só precisa esperar a crise passar. Que daqui a pouco ela vai embora e daí tudo melhora. As crises não 'passam', elas são superadas por quem consegue encontrar saídas e continuar crescendo.

"É como o doente que aguenta aquela 'dorzinha nas costas' e não percebe que, em pouco tempo, ela se tornou uma hérnia de disco que exige tratamento urgente. Agir quando tudo começou teria poupado uma situação de risco.

"A terceira ilusão é a pior de todas: 'Alguém vai resolver por mim'. É uma das piores atitudes que alguém pode ter. Não dá certo, a vida não permite que um carregue o fardo do outro.

"Esse comportamento é fruto da ilusão de que as pessoas podem mudar a vida umas das outras. Ninguém pode salvá-lo e você não pode salvar ninguém.

"Numa empresa, não adianta reclamar que você não tem autonomia. Ninguém pode me dar autonomia: ou sou autônomo ou não sou. Ou conquisto isso ou fico esperando 'me darem'.

"Você percebe a ironia de esperar 'receber' sua independência de alguém?"

Estas últimas palavras deixaram Carla inquieta. Parecia uma alusão direta à conversa que ela tivera com o pai depois da demissão.

— E como se libertar dessas ilusões? — Carla perguntou.

— Deixe-me falar sobre o trabalho da psicóloga americana Carol Dweck, da Universidade Stanford. Ele tem a ver com o que os americanos chamam de *mindset*, o modelo mental, o jeito como o cérebro se organiza.

"A Carol Dweck pesquisou o que torna as pessoas bem-sucedidas e percebeu que, várias vezes, a inteligência, o talento e até os elogios podem ser obstáculos para o sucesso. Ela desenvolveu a tese de que existem dois tipos de modelo mental: um é o *mindset* fixo, outro é o de crescimento.

"As pessoas com o *mindset* fixo acreditam que sua personalidade é estática. Ela é daquele jeito e acabou. Ao se deparar com suas falhas, elas ficam revoltadas, tristes. Não enxergam o caminho para melhorar.

"Quem tem o *mindset* de crescimento entende que as habilidades e capacidades não são inerentes à pessoa e que elas podem mudar. Acreditam que sua inteligência é construída como um processo. E batalham para superar seus vícios, defeitos, medos, incertezas."

Continuou a psicóloga:

— A vida é assim o tempo inteiro. Nem sempre ela responde como desejamos. É normal as coisas darem errado, falharmos em provas, repensarmos estratégias e até mesmo falirmos em um negócio.

"Ter o *mindset* de crescimento é saber que é possível mudar, desenvolver, repensar tudo aquilo que já somos e fazemos. É não ter tanto medo de errar. O *mindset* de crescimento vê o erro como parte do seu aprendizado, do seu desafio.

"Isso vale em qualquer aspecto da vida. Se um casal tem modelo mental de crescimento, um quer ajudar o outro a melhorar, evoluir. Quando tem modelo mental fixo, qualquer errinho do outro acarreta aquele pensamento nocivo: 'Está vendo como você é?'. E isso pode destruir o relacionamento."

— E como se muda o *mindset* fixo? — perguntou Carla.

— Em primeiro lugar, acreditando na sua força interior. Mesmo quando parece que tudo pode dar errado, quando você tem uma meta pesada a cumprir, não importa o que aconteça, acredite que vai dar certo. Não acreditar na sua força interior é o primeiro passo para o fracasso — afirmou Priscilla. — Quando as dúvidas se apoderam da mente, logo vem a ansiedade, e as pessoas ficam paralisadas até mesmo diante de oportunidades que sempre sonharam ter.

"Quando tudo começar a dar errado, a fé vai fazê-la pensar em outras maneiras, vai sussurrar no seu ouvido 'revisa esse projeto', 'E se você tentar esse produto com outro preço?'.

"Uma frase que representa a fé em si mesmo, na prática, é 'Quem quer encontra um jeito, quem não quer encontra uma desculpa'."

a tarefa de criar
CERTEZAS ABSOLUTAS

Priscilla levantou do sofá e caminhou em direção a um quadro de anotações.

— O que está por trás do sucesso? O que define seus resultados? Eu digo que são as suas certezas absolutas.

"Vejo muitos lojistas que falam, em plena véspera de Natal, que não vão vender nada. Essa certeza do dono passa para os vendedores, e aí o produto não vende mesmo.

"Quando faço treinamentos para equipes, é muito fácil ver quem tem certeza absoluta de que vai dar certo e quem tem certeza absoluta de que vai dar errado. Os da certeza positiva ficam ligados, tomam nota, escutam. Os da certeza negativa encostam o corpo, ficam vendo mensagens no celular..."

Ao notar que Carla estava envolvida na explicação, Priscilla continuou:

— Quando a pessoa tem certeza de que algo vai dar errado, ela entra no ciclo do fracasso. Ela tem certeza de que vai dar errado, decide por coisas erradas, faz coisas erradas e, portanto, tem resultados errados.

"O problema é que, a partir de certo momento da vida, você não olha mais para o resultado, olha para aquilo que vai provar que você está certa — mesmo que acredite que o certo é que você é um fracasso total. Isso é catastrófico.

"Sua cabeça fica treinada para comprovar suas teorias fatalistas e a partir daí cada decisão do chefe, cada reação da empresa ao mercado, parece ser uma prova da grande injustiça a que você está submetida.

"As dificuldades passam a ser impedimentos, em vez de serem aquele empurrão para você se provar e mostrar que é mais forte.

"Em vez de procurar as evidências da injustiça a que 'a estão submetendo', veja nas dificuldades e nos desafios os estímulos por onde você consegue provar sua competência."

— Não é fácil pensar assim quando você depende tanto do chefe, da estrutura da empresa, ou do seu salário — disse Carla.

— Então, deixa eu lhe contar a minha história de certeza absoluta. Eu tive uma infância difícil, trabalhei muito para me tornar psicóloga. Quando entrei na faculdade, meu sonho era ser psicoterapeuta. No entanto, eu não tinha dinheiro, então me tornei aplicadora de testes psicológicos, que me dava uma graninha boa. E fui me envolvendo nisso.

A nova lógica do sucesso

"Contudo, aquela rotina estava me destruindo e eu nem conseguia atender as pessoas como gostaria.

"Uma vez contei a um professor que meu sonho era ser psicoterapeuta, e ele me falou de um curso sensacional que teria com um especialista, e que eu tinha de fazer. Fiquei interessadíssima. Quando ele falou o preço, porém, caí para trás. O professor ficou fazendo a minha cabeça, tentando quebrar a minha certeza absoluta. Qual era a minha certeza absoluta? Eu era pobre e aquilo era coisa de rico.

"Então ele foi maravilhoso e me deu uma garantia: 'Olha, você vai fazer o curso. Se você fizer por cinco ou seis meses e achar que não a ajudou a ser a terapeuta que você quer, eu lhe dou esse dinheiro de volta'.

"Enquanto eu falava que não estava vendo saída na minha vida profissional, aquele mentor maravilhoso me dizia: coloca em prática. Meu mentor começou a trabalhar para que eu tivesse a certeza absoluta de que poderia dar mais certo fazendo o que era a minha paixão profissional.

"Até que a minha certeza absoluta negativa foi quebrada. Eu fui fazer o curso e me tornei psicoterapeuta. É claro que tive de trabalhar dobrado para pagar o curso, mas meus resultados valeram muito o esforço que fiz.

"Então, vamos transformar as certezas negativas em positivas."

Priscilla apontou a lista que Carla segurava com força.

— Você já sabe que o medo vem de uma certeza negativa e que ela não é útil para ajudá-la a crescer. Então, agora vamos destruir uma certeza absoluta negativa sua. Qual seria a primeira delas?

Carla achou graça no jeito de a psicóloga falar, como se estivesse em um campo de batalha, e leu na lista que tinha em mãos:

— "Trabalhar não dá retorno para quem é certinho demais."

Priscilla escreveu a frase no quadro.

— Vamos lá, "Certinho demais"... Defina isso, Carla.

— O profissional certinho demais é como eu era: a primeira a chegar, a última a sair e maníaca por controlar todos os processos.

— E por que esse tipo de profissional não tem retorno?

— Antes eu achava que era porque eu não sou puxa-saco, mas hoje eu entendo que tem a ver com não pensar com cabeça de empresário.

— Então, reformule a frase com essa nova definição...

— Trabalhar muitas horas e microgerenciar tudo não garante um bom retorno de resultados no trabalho.

— Isso é uma verdade viável, mas não a fortalece profissionalmente. É mais útil uma afirmação positiva, que diga o que você pode fazer para ter resultado. Para que tipo de profissional o trabalho dá retorno?

— Como meu pai diz, "Para quem busca aumentar os lucros da empresa".

— Perfeito, essa é a essência do pensamento estratégico! Como ficaria a nova certeza positiva?

— "O profissional que busca aumentar os lucros da empresa onde trabalha tem mais resultados."

— Bravo! Muito bem. Vamos passar para a segunda certeza negativa?

— Essa é sobre a menina que foi promovida para o cargo que eu queria... — Carla leu, encolhendo-se no sofá: — "Ela só foi escolhida porque é a rainha do social."

— Essa é a única qualidade dela?

— Não. Ela sabia cavar oportunidades de participar das reuniões e sempre chegava com ideias. E dava suas ideias de um jeito destemido.

audácia & preparo SÃO UMA COMBINAÇÃO *poderosa*

— Audácia e preparo são uma combinação poderosa, não acha? Será que você tem um jeito menos rancoroso de falar sobre a promoção dela, Carla?

— Tem de ter, né?! — Carla respondeu conformada. — Vale dizer que "ela foi promovida porque estava preparada e deixou isso bem claro".

— Anote esta dica: toda vez que surgir uma invejinha como essa, aprenda com essa emoção porque ela indica uma competência que você precisa desenvolver. Assim, você estimula suas certezas absolutas positivas.

— Eu tenho um esqueminha muito simples — completou Priscilla, virando a folha e desenhando um esquema parecido com este:

CERTEZAS ABSOLUTAS POSITIVAS
levam a
DECISÕES POSITIVAS
que geram
AÇÕES POSITIVAS

"Quem entra no modo de decisão positiva sempre vai assumir a responsabilidade para si, realizar mais coisas, comprometer-se com aquilo, aprender mais. Por isso é preciso se manter atenta à conversa que você tem com si mesma.

"Um profissional que vai fazer doutorado depois dos 50 anos, mesmo já ganhando muito bem, enquanto a maioria dos seus colegas acha aquilo uma perda de tempo e uma besteira, sabe que sua certeza absoluta no sucesso está sendo reforçada.

"Ele tem a certeza de que há muito para conquistar, e essa certeza gera a decisão positiva de continuar aprendendo, de continuar vivendo de modo intenso, pura e simplesmente pelo fato de que ele continua vivo. E isso engrandece sua história, aprimora e aumenta seu legado no mundo."

Carla percebeu que tinha muitos modelos de mudança positiva de padrão mental à sua volta. Seu pai era um dos melhores.

Priscilla retomou a conversa, para a última reflexão que fariam juntas.

— Você disse que, em anos de empresa, não fez amizade com ninguém a não ser com uma colega que se sentia esquecida na em-

e essas ações criam

resultados positivos

presa, como você. Você contou que seu namorado também se sente assim... sabe o que eu vejo? Parece que você escolhe pessoas que nem sempre a ajudam a crescer.

— Você acha que eu tenho de me afastar do Renato? — Carla indagou aflita.

— Não, Carla, eu não vou dizer isso. No entanto, você pode olhar as soluções em vez de procurar justificativas para seu fracasso, e essa atitude pode despertar no Renato o desejo de se superar também. Todavia, para contagiar o Renato, você precisa estar muito segura da sua nova mentalidade.

A menção ao nome de Renato fez chegar duas lágrimas aos olhos de Carla. Ela sentia que seu namoro de quatro anos precisava ser revigorado, ou então morreria.

Em tom de despedida, Priscilla disse:

— Quero convidá-la a sempre pensar em como encontrar as soluções em tudo na sua vida. Se você criar certezas absolutas positivas no seu sucesso, irá realizar todos os seus sonhos, porque é trabalhadora e dedicada. Use sua inteligência para criar soluções e não desculpas. Nosso processo acaba hoje, mas sempre que precisar pode me chamar.

Carla despediu-se de Priscilla com um abraço. Ao chegar à rua, sentiu que aquelas poucas sessões com a psicóloga haviam operado uma transformação em seu modo de ver o mundo. Agora entendia que todas as suas ações começavam com pensamentos, e que ela podia escolher os seus melhores pensamentos para definir sua vida. Estava aí uma certeza absoluta.

A ANGÚSTIA DO
desemprego

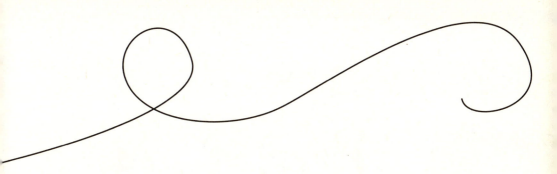

A carga de energia que as sessões com a psicóloga deram a Carla não a livraram da crescente angústia por não conseguir um novo emprego. Após duas semanas de intensa procura, enviando currículos e fazendo contatos com ex-colegas, Carla queixou-se com o pai:

– Não sei o que acontece. Tenho enviado meu currículo para várias empresas e até feito algumas entrevistas, mas não consigo ser contratada. O que estou fazendo de errado?

Carinhosamente, Ademir respondeu:

– Minha filha, que bom que você está começando a entender que só tem uma coisa pior do que estar no caminho errado: é estar no caminho errado com certeza total. Questionar suas atitudes e olhar para a frente é o primeiro passo para encontrar o caminho certo. Tenho certeza de que essa crise vai mudar sua vida.

Em seguida, ele ofereceu ligar para Afonso, um consultor especializado em contratar executivos para grandes empresas.

– Esses headhunters entendem tudo de mercado de trabalho, filha, disse Ademir.

O PROFISSIONAL *desejado* PELAS EMPRESAS

Já no dia seguinte, Afonso recebeu Carla em seu escritório.

– Boa tarde, Carla – disse o consultor. Seu pai me falou que você está precisando de uma orientação. Vejamos como posso lhe ajudar... Me fale sobre você.

Rapidamente ela contou sua história, falou sobre o caminho difícil no trabalho, a demissão e a dificuldade de conseguir uma nova posição, e Afonso perguntou:

– Você quer minha orientação para encontrar um emprego ou para se tornar o tipo de profissional que as empresas mais querem?

Pronto. Lá vinha mais teoria – pensou Carla. Rapidamente ela perguntou:

– Qual é a diferença?

– Quem quer simplesmente truques para arrumar um emprego geralmente não é contratado, pois as empresas têm estratégias para descobrir se o candidato é realmente daquele jeito como está se apresentando na entrevista ou se apenas está representando um papel. E percebem se alguém é ou não é um profissional voltado para resultados.

"Eu posso orientá-la a estruturar um currículo interessante, a fazer uma entrevista objetiva, mas, se você não tiver uma visão clara de como ajudar a empresa a realizar as metas dela, mesmo que seja contratada, será descartada."

– Mas eu não posso me adaptar à empresa depois que entrar?, perguntou Carla.

– Pense na procura de emprego como um namoro. Não adianta você fingir que é de um jeito para conquistar seu objeto de desejo, porque não vai conseguir sustentar essa ilusão. E nem vai ser feliz tentando! É melhor você ser transparente e encontrar o par que a valorize. Mas é claro que você pode investir em se tornar uma pessoa mais interessante, porque aí a escolha vai ser sua.

Carla sorriu com a comparação, e Afonso prosseguiu:

– Vou lhe dizer o que você precisa saber para ser uma profissional que realmente faz a diferença. Existem dois grupos de profissionais: o dos profissionais frustrados e o dos profissionais campeões. O profissional frustrado é aquele que trabalha, trabalha, trabalha e nunca realiza seus sonhos. O profissional campeão é aquele que realiza seus objetivos. Infelizmente, vejo poucas pessoas que alcançam esse intento. A maior parte delas se torna escrava de sua profissão.

Nesse momento, Afonso até levantou da cadeira, para se expressar com mais ênfase.

– Quando um profissional empaca na carreira, ou quando um empresário vive angustiado porque não consegue clientes para seu negócio, o que está dando errado?

o primeiro erro É ACREDITAR QUE A SOLUÇÃO É SEMPRE TRABALHAR UM NÚMERO *maior de horas*

o segundo erro fatal
DOS *PROFISSIONAIS FRUSTRADOS* É ACREDITAR QUE SE VOCÊ FOR
muito competente
TUDO DARÁ CERTO

– Não sei – disse Carla. Pode ser um monte de coisa...

– Veja: são dois erros fatais que rondam os profissionais frustrados. O primeiro é acreditar que a solução é sempre trabalhar um número maior de horas. É importante trabalhar bastante, mas perceba que o dono de uma loja do McDonalds não precisa ficar o dia todo na frente do balcão para ter sucesso. Aliás, os grandes empresários têm 10, 15 lojas. A saída não é trabalhar mais, e sim trabalhar melhor.

"O segundo erro fatal dos profissionais frustrados é acreditar que se você for muito competente tudo vai dar certo.

"Quando esse profissional se isola na sua sala ele se transforma no que eu chamo de especialista solitário. Estudar mais e estudar sempre é importante, mas hoje em dia apenas saber ainda é pouco para ter sucesso, você precisa de mais do que conhecimento técnico da sua área.

"O recrutador da empresa quer ver o que você sabe, mas ele vai muito além disso. Ele precisa saber se você tem as competências que formam um profissional campeão."

Afonso desenhou, no quadro branco, um triângulo.

– Vou explicar como funciona o triângulo do sucesso – acrescentou.

– Dentro desse triângulo tem a mente de campeão. Por que mente de campeão? Porque para vencer você tem de ter uma mente que aguente cobranças para poder superar os desafios. Uma mente que segure seu moral nos piores momentos da sua vida.

"Muitas pessoas me perguntam o que é ter sucesso. Digo que ter sucesso é subir numa pitangueira carregada para conseguir o máximo de frutas, enquanto cem sujeitos ficam chacoalhando a árvore para você cair. Sucesso é atingir o seu objetivo e estar inteiro e com a cesta cheia no final do dia, e isso só é possível em um estado de alta performance.

"A pessoa que tem mente de campeão atua a maior parte do tempo em um estado de alta performance. Por exemplo, posso ver que neste momento você não está em estado de alta performance."

A nova lógica do sucesso

– Como assim? – assustou-se Carla.

– Você está me ouvindo, mas não está com atenção total voltada para o que eu estou falando. Você está provavelmente deixando a mente divagar de tempos em tempos. Um estado de alta performance é de foco total, concentração, brilho no olho.

Carla endireitou-se na cadeira.

– Quanto mais pesado for o momento que estamos vivendo, maior é a oportunidade para mostrar nossas competências – continuou Afonso. – Mas quando a pessoa não se sente capaz de superar uma grande pressão ela pode amarelar. Como acontece às vezes com atletas na final de um campeonato mundial. Quando o cérebro humano imagina que não tem capacidade de superar um desafio, ele pode ter várias reações e uma delas é travar. Ele trava para nos proteger, para nos poupar de vivenciar a dor.

Carla imediatamente lembrou de seu desmaio, e concluiu que foi uma forma de seu cérebro travar para preservá-la em uma situação-limite.

– A maior parte dos profissionais frustrados é gente que "amarela"– disse Afonso. – Destravar o cérebro é um treinamento. E você precisa aprender a destravar. O primeiro ponto é perceber "em que situações seu cérebro trava".

Mas o melhor de tudo é ter uma força interior tão grande que você consegue analisar, decidir e agir com clareza independentemente da pressão que estiver sofrendo.

– E como eu faço isso? – perguntou Carla.

Afonso continuou:

– Para estar em estado de alta performance você tem de ter controle mental, blindagem e *momentum*.

– O que é isso? – perguntou Carla.

– Vou explicar rapidamente. – Afonso desenhou um novo gráfico no quadro, apontou para ele e prosseguiu falando.

– Controle mental é conseguir se manter em estado de alta performance mesmo debaixo de uma pressão gigantesca. Existe uma *Zona de Alta Performance*, na qual o profissional está focado, concentrado na sua meta. Fora dessa área, ele pode estar *agitado* ou *distraído*.

"Por exemplo: sabe aquele jogador de futebol que está tão assustado com a obrigação de ter de marcar gol que não percebe que a bola está chegando para ele? Esse é o profissional que está distraído.

"No seu caso: agora você está distraída. Imagino que você esteja preocupada porque não consegue arrumar um emprego e está sem trabalhar há algum tempo.

"Do outro lado, temos aquele jogador que está tão agitado a ponto de ficar agressivo e ser expulso por uma entrada violenta durante o jogo. O que interessa para o time, para as empresas, é ter jogadores capazes de permanecer em estado de alta performance independentemente da pressão.

"Este é um dos principais pontos a analisar na contratação de um executivo: eu procuro descobrir quem são os profissionais que têm o controle mental para se manter em um estado de alta performance e quais têm um padrão de se agitar ou se isolar na hora das decisões.

"Se você lidera uma equipe, também tem de prestar atenção nisso, para fazer o time render. Quem está agitado, você deve fazer com que relaxe. A técnica que eu uso é falar de assuntos extra trabalho. Porque, ao relaxar, a pessoa provavelmente entrará na alta performance.

"Já com os distraídos é mais difícil. Com eles, lembro de momentos incríveis do trabalho, projetos que deram muito certo, falo das perspectivas de futuro... Tudo para fazer com que se conectem com o que é preciso ser feito de novo.

"Então, um passo importante é você entender seu processo mental. Se você percebe que se agita, chame um amigo para ir ao cinema e relaxe antes de tomar uma decisão. Ou arrume um ritual: pode ser uma reza, para baixar o nível de agitação, ou uma meditação que seja fácil para você. Isso pode se dar em cinco minutos que vão reconectá-la consigo mesma e colocá-la fora do estado 'de surto'.

"Agora, se você percebe que está se distraindo, peça ajuda para um, dois ou três amigos supercomprometidos. Peça para eles estudarem com você, ou discutirem seu projeto. Quando a pessoa está desligada, começar a falar ou escrever o projeto, os detalhes, conecta-a novamente ao que é importante.

"Retomar o controle da mente é muito simples: quem está desligado tem de se ligar e quem está agitado precisa relaxar. É simples, mas exige muito treinamento; você vai construir isso todos os dias."

"No seu caso, Carla, qual é o seu padrão de reação negativo na hora da pressão?"

Carla pensou um pouco e respondeu:

– Minha tendência é de me isolar e me distrair.

– É esta a minha impressão, também. E como você acha que fica a sua imagem quando você se distrai?

– Imagino que as pessoas percebem que não podem contar comigo.

– Isso mesmo. Então, quando perceber que está se desligando, procure voltar ao jogo rapidamente.

Afonso continuou:

– Quando você estiver com um profissional campeão vai perceber que ele domina o próprio estado mental em todas as situações.

– Como? – perguntou Carla, interessada.

– O controle do estado mental você treina com muita auto-observação. É questão de perceber se você está saindo do estado de alta performance pela irritação ou pela distração e tratar de agir para voltar ao eixo. Se você treinar, primeiro pedindo ajuda de outras pessoas para animá-la com o projeto ou para distraí-la se estiver muito agitada, em breve conseguirá fazer isso sozinha, rapidamente.

Carla nunca tinha pensado que uma carreira executiva tivesse tanto a ver com esportes – ser campeão, amarelar, treinar. Mas achou que a analogia fazia todo o sentido.

– A segunda característica da mente de campeão é uma capacidade que muita gente chama de *momentum*, um termo que vem da física. Trata-se da capacidade de agir com o máximo desempenho na hora da decisão.

Momentum É A HABILIDADE DE SE COLOCAR EM ESTADO DE *alta performance* NA HORA EM QUE VOCÊ *PRECISA DECIDIR*

"*Momentum* é a habilidade de se colocar em estado de alta performance na hora em que precisa decidir.

"O Ayrton Senna tinha uma certeza tão grande da sua capacidade de pilotar o carro em alta performance, que ele era capaz de tirar uma soneca enquanto esperava a corrida começar. Aí, quando acordava, ele se colocava no estado de *momentum*. E fazia acontecer.

"Se você vai fazer uma apresentação, participar de uma reunião de negócios, fazer uma proposta de venda, tem de ser capaz de ter atuação máxima, não interessa se o avião atrasou, se você está com fome ou se brigou com o namorado.

Você consegue perceber essa competência quando observa grandes cirurgiões, pois eles ficam horas em uma cirurgia porque têm *momentum*.

"Muitas vezes o pessoal começa uma cirurgia às 8 horas da manhã, e fica até as 9 horas da noite. Eles funcionam em alta performance independentemente do cansaço, da fome, da dor. A pessoa está completamente imersa naquele universo, não existe nada fora dele.

"E o seu *momentum*, Carla?"

– Às vezes eu estou com concentração total, mas outras me distraio totalmente – ela respondeu.

– Você quer melhorar isso?

Carla anuiu com a cabeça.

– Então você vai treinar um padrão automático, uma palavra que a condicione a entrar em estado de alta perfomance no momento da decisão. Eu, por exemplo, uso e ensino os meus assistentes a usar a palavra "Agora!"... Quando estou em um momento de decisão, eu falo "Agora!", para me lembrar de que chegou a hora de dar um show. Viu que está difícil focar naquele projeto, vire para si mesma e repita "Agora!".

"Vou dar um exemplo pessoal. Às vezes chego a um local para uma reunião decisiva, ou dar uma palestra, muito perto da hora do meu compromisso – é claro que eu sempre procuro chegar com muita antecedência, mas meu trabalho envolve muitas viagens e os voos no Brasil não são tão previsíveis quanto deveriam ser.

"Então, chego e digo para o pessoal: 'Me dá cinco minutos'. Vou para o banheiro, ou para a sala que está reservada para mim, foco no objetivo, fecho os olhos e digo para mim mesmo: 'Agora!, Agora!, Agora!'. Isso me ajuda a ficar pronto para atuar em alta performance. Eu treinei muito para ter esse reflexo.

"Da mesma forma, se você está triste por algum motivo pessoal e vai entrar numa reunião importante, mentalize: 'Agora!, Agora!, Agora!'... O 'Agora!' ajuda a focar, leva você para o momento de alta performance."

Observando Afonso, Carla ficou com a impressão de que ele estava aplicando o próprio método com ela. Claramente ele estava energizado, ou, como ele dizia, em alta performance. E ao vê-lo assim ela também se sentia obrigada a ficar em estado de foco total. Seu tempo era precioso e ela precisava aproveitar tudo o que ele lhe oferecesse.

– A terceira característica da mente de campeão é a blindagem – continuou Afonso.

"Blindagem é a capacidade de se manter alheio aos estímulos externos que não tenham a ver com sua performance. É um absurdo que alguns atletas só joguem bem quando estão ao lado de sua torcida. Eles não sabem se blindar contra as vaias do adversário. Como você acha que é a sua blindagem, Carla?"

– Mais ou menos... Se eu brigo com o meu namorado, o dia fica arruinado.

– A sua empresa paga você para trabalhar o dia inteiro e não simplesmente quando você não tenha nada que a distraia. Isso também dá para treinar com algumas estratégias. Por exemplo, se você está escutando uma música, escolha focar só nas guitarras. Não existe bateria, não existe baixo. Olhe para um jardim, ali tem uma roseira e você vai olhar uma rosa específica. Foque nela, não deixe seu olhar passear pelas outras flores.

"Em um parque cheio, decida olhar uma das crianças. Só ela. Não preste atenção nas outras crianças, nem nos pais, nem nos professores. Isso é um treino para você fazer pelo menos dois minutos todos os dias. Treine seu foco.

"Na segunda parte, você vai pegar seu ponto fraco. No meu caso, é o barulho. Então, se tem barulho quando estou num jantar, num restaurante, numa festa, isso me incomoda. Mas, se eu estou numa reunião de trabalho e tem ruído, eu consigo manter o foco.

"Então, se você tem uma fraqueza, seja dentro ou fora de você, fome, dor de cabeça, eu quero que preste atenção nessa fraqueza. À medida que presta atenção, faça com que vá se diluindo. Até chegar uma hora em que essa fraqueza não é mais uma fraqueza."

Carla perguntou:

– Afonso, então ter o poder do *momentum* é fazer o que eu sei fazer na hora em que precisa ser feito, e blindagem é fazer o que precisa ser feito independentemente do que acontece ao meu redor?

– Exatamente! – concordou Afonso.

– Quando você estiver mais forte no controle do estado mental, *momentum* e blindagem, vai atacar outro ponto importante para a mente de um campeão: ter o prazer de trabalhar sob pressão. Ou seja, resolver problemas e superar desafios.

"O que torna um atleta um grande vencedor? Ver prazer nas encrencas. Olhe uma decisão de campeonato. Tem os jogadores com medo

QUANDO VOCÊ CONSEGUIR *transformar* TAREFAS APARENTEMENTE NEGATIVAS EM DESAFIOS *produtivos,* SUA VIDA VAI MUDAR de perder e os confiantes de que farão dois gols. Os campeões veem prazer no desafio.

"Quando você conseguir transformar tarefas aparentemente negativas em desafios produtivos, sua vida vai mudar.

"Tenha certeza de que, se você fizer o que precisa ser feito, os resultados virão. Por isso não dê tempo para as crises existenciais e não gaste tempo com pessoas negativistas."

Nesse momento, Carla não conseguiu deixar de pensar no baixo-astral de Renato e como isso a vinha incomodando.

– O segredo, Carla, é focar no que lhe traz bons resultados – acrescentou Afonso. – O que não a faz crescer não pode ter espaço na sua vida.

"Sugiro que você treine seus estados mentais. Da mesma maneira que treinamos preparação física, podemos treinar os estados mentais."

Carla ficou pensativa. Estava sendo tocada por um novo modo de pensar sobre seu trabalho:

– Sempre pensei que trabalho é trabalho, e não uma competição – comentou.

– É uma competição, sim. Você pode não saber que está numa competição e, se você não percebe isso, suas chances de ganhar são bem menores. Você não ficou irritada porque outra pessoa foi promovida, quando você achava que merecia mais?

– Fiquei. Eu sou melhor que ela.

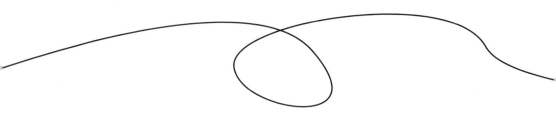

– Porém, ela venceu a competição.

– Pensar assim tira um pouco o encanto do trabalho – disse Carla. – Será que Einstein achava que estava numa competição?

– Em algum nível, sim. Ele se encantava com o desafio intelectual de descobrir como funciona o universo, é claro, mas também tinha muito claro que precisava firmar seu nome. Precisava conquistar o cargo de professor numa universidade de ponta, que lhe desse as condições de manter suas pesquisas.

"Os grandes empreendedores da tecnologia: Steve Jobs, Bill Gates, Jeff Bezos, todos eles sabiam muito bem que estavam numa competição.

"Isso não tira o prazer do trabalho. Ao contrário, aumenta o estímulo para entrar em alta performance.

Carla pensou que talvez devesse ser mais competitiva... Lembrou que tinha deixado de jogar tênis porque achou que os campeonatos tinham pressão demais e ela se estressava. Arrependeu-se.

– Agora vamos trabalhar no seu currículo – disse Afonso. – Para você conseguir mais entrevistas. E, quando as conseguir, poderá mostrar a sua mente de campeã.

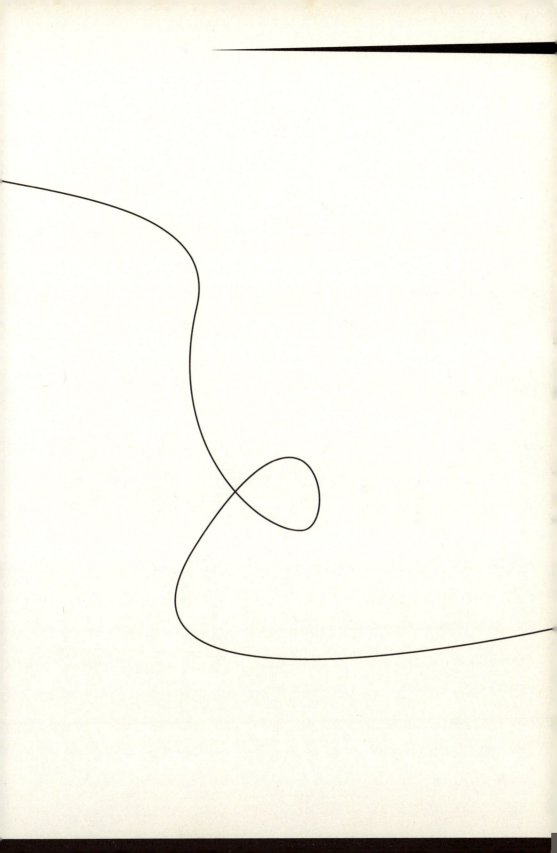

VOCÊ PRECISA TER A CABEÇA DE empresário

No dia seguinte, Carla voltou para uma nova sessão com Afonso. Quando entrou, ele mal a cumprimentou e logo apontou para a parte de cima do triângulo desenhado no quadro:

– No centro de um profissional campeão sempre tem uma mente de campeão, como falamos ontem. Mas não adianta ter uma mente de campeão e ser uma especialista solitária.

"Você tem também de participar da vida da empresa e ser uma líder inspiradora, uma vendedora poderosa e uma empresária eficaz.

"Quem fica trancado em sua sala, por mais competente que seja, perde a perspectiva do que é preciso ser feito e fica estagnado."

Ainda surpresa pela energia de Afonso, Carla ficou parada, em pé, no meio da sala.

– Sente-se – disse o *headhunter*. – E vamos passar à segunda competência do profissional campeão. É a liderança. Você tem de ser uma líder inspiradora.

– Pra ser líder, eu não tenho que ter uma equipe antes? – perguntou Carla. – Eu nem tinha equipe no meu trabalho...

– Não é o cargo que faz o líder – retrucou Afonso. É o contrário. Quando existe um cargo, a empresa procura um líder para preenchê-lo. Você tem de ser uma líder mesmo antes de ter a função.

QUANDO EXISTE UM CARGO, A EMPRESA PROCURA UM *líder* PARA PREENCHÊ-LO.

Você precisa ser uma líder MESMO ANTES DE TER A FUNÇÃO

"Só saber sobre sua especialidade, seja ela finanças, marketing ou recursos humanos, não garante sua promoção. O que faz alguém querer promovê-la é perceber que você chama para si a responsabilidade, organiza o trabalho, delega, incentiva os outros, negocia.

"Para fazer isso, você tem de se desligar um pouco do trabalho técnico. Um técnico fica oito horas por dia em frente do computador, ou no laboratório. Ele não se tornará gerente. Para chefiar o departamento de técnicos, ele tem de entender o que os outros técnicos estão fazendo, por que e como a empresa vende aquilo que eles estão fazendo.

"Todos os profissionais têm de estar em contato com pessoas o tempo todo. Imagine o dono de um restaurante que fica trancado na cozinha? Ele nunca vai ter uma visão clara do que precisa ser feito e não vai saber inspirar sua equipe a fazer o que tem de ser feito.

"Quanto a ter uma equipe, você está enganada. Todo mundo tem equipe. Você tem fornecedores, tem o colega com quem tem de entregar um projeto conjunto. Todas as pessoas com quem você interage para realizar alguma coisa são sua equipe.

"Por exemplo, eu ganho a minha vida procurando e encontrando bons executivos para as empresas. É claro que eu preciso fazer um trabalho especial, mas ficar esperando os clientes no meu escritório é fatal para o meu negócio. Portanto, eu tenho de liderar os gerentes de gestão de pessoas de várias empresas para eles me contratarem.

"Esses gerentes não são meus colaboradores, eles não estão na minha folha de pagamento, mas tenho de inspirá-los a fazer o que eu preciso que eles façam.

"Perceba que o conceito de liderança se expandiu muito. Para que você ajude a empresa a realizar suas metas, precisa influenciar e liderar muitas pessoas. Inclusive seu chefe.

"Você precisa saber definir quem são os integrantes da sua equipe, porque vai precisar gerenciá-los."

– Acho que a minha equipe hoje é você – Carla riu.

– Verdade, Carla. Sou da sua equipe no projeto de melhorar seu nível profissional. Seu pai também faz parte dessa equipe. As pessoas que ele recomendou para você conversar também. E seus colegas que podem ajudá-la a encontrar um novo emprego... E você precisa liderar esse time.

– Como?

– Vou começar lhe dizendo quais são os erros fatais dos líderes. Evitá-los já é um grande começo.

"O primeiro erro é não assumir o papel de líder. Você não imagina a quantidade de gerentes que simplesmente não gerenciam. A maior parte deles apenas administra relatórios, checa planilhas no computador. Você tem de conversar com as pessoas. Por incrível que pareça, pouca gente faz isso.

"O segundo erro é não ter um projeto claro, bem definido. Você quer ganhar mercado, aumentar a receita, ou apostar num produto?

Tem gente que muda de plano o tempo todo. Aí não dá tempo de os resultados aparecerem.

"O terceiro erro é não ter uma equipe competente e comprometida. Você tem que saber atrair e agradar os melhores colaboradores.

"O quarto erro é não acompanhar o trabalho de sua equipe. Uma coisa é delegar o que você precisa fazer. Outra é "delargar", passar o trabalho e esquecer. As pessoas precisam saber que você está cuidando do trabalho.

O *BOM LÍDER* NUNCA SE *acomoda,* PROCURA SEMPRE *AVANÇAR.*

"Agora, o pior erro é não evoluir. O bom líder nunca se acomoda. Procura sempre avançar."

– Mas o jeito de avançar não é fazer seu trabalho cada vez melhor? – questionou Carla.

– Até certo ponto, sim. Você tem de ser excelente tecnicamente. Mas esse é o nível operacional. Para crescer de verdade você precisa estar no nível estratégico.

"Se você é um excelente pizzaiolo que resolveu montar a própria pizzaria, a primeira coisa que tem de entender é que não fará mais pizza. No comecinho, até poderá, um dia ou outro, mas precisa treinar um ou dois profissionais para tomar seu lugar. Porque, se não há quem o substitua, você não vai crescer. Pior: pode quebrar, porque ninguém está prestando atenção no caixa, no preço dos fornecedores, na atenção à clientela, na qualidade do atendimento...

"E ainda mais, se montar a segunda pizzaria, terá de contratar um bom gerente para ter mais tempo livre para fazer o que um líder tem de fazer.

"Quando o empresário não sabe liderar, não sabe contratar bem nem montar um time de campeões. E acaba falindo.

"Voltando a falar do seu caso: uma das pessoas mais importantes para você liderar é seu chefe. O que é liderar o chefe? É abastecê-lo com informações e dar opções. Eu gosto muito quando pessoas da minha equipe falam: 'A gente tem este desafio e tenho estas três opções... Qual você prefere? Pessoalmente, prefiro esta...'.

"Todo líder verdadeiro tem objetivo, e eu até digo que tem uma obsessão criativa pelo seu objetivo.

"Mais uma coisa: as pessoas querem trabalhar em um projeto do qual tenham orgulho. Então, você como líder tem de criar algo que dê orgulho para as pessoas. Você precisa ser um líder que as pessoas admiram. Só assim atrairá uma equipe extraordinária."

– É só isso? Ser uma pessoa admirável, deixar sua equipe trabalhar para você e colher os resultados? – questionou Carla, de novo exercitando sua ironia.

– Sim, é simples assim. Mas não é tão fácil de fazer. Primeiro, o que é ser admirável? É um líder que sabe das coisas, que é capaz de orientar e que é generoso. "Depois vem a parte do gerenciamento da equipe. A primeira coisa a analisar é a contratação. Se você contratou alguém para cuidar da logística e, depois de um tempo, percebe que a pessoa não é organizada, não sabe negociar, precisará de coragem para substituí-la.

"O segundo ponto é o sistema. As pessoas sabem o que têm de fazer? Está claro? E esse jeito de trabalhar faz sentido e leva ao resultado desejado?

"Finalmente, você tem de prestar atenção ao esquema de premiação e punição. As pessoas estão sendo incentivadas do jeito certo? Quem trabalha mais e dá resultado está também ganhando mais, sendo mais reconhecido? Então, são coisas simples, mas implementá-las não é fácil."

Carla assentiu com a cabeça, e Afonso continuou:

– A terceira competência do profissional campeão: ele precisa ser um vendedor poderoso.

"Não importa se você é gerente de marketing, diretor de RH etc., você precisa vender. Tem de vender opções, vender um projeto, ajudar a vender os produtos e serviços da empresa...

"Vender está muito ligado a influenciar, negociar, criar uma nova atitude. Empresários milionários adoram vender, e empresários falidos adoram produzir.

"Você me diz que a moça que foi promovida ao posto que você desejava era pior que você. Como ela foi escolhida? A resposta é simples: ela vendeu as ideias dela, e você não vendeu as suas."

Carla ficou incomodada com a conclusão de Afonso, mas concordou:

– É, eu não sei me vender direito mesmo.

– O primeiro passo é mudar seu *mindset*, seu modelo mental – continuou. – Antes de qualquer coisa, tem de se convencer de que vender é importante, e que é muito legal, uma coisa ótima e até divertida.

"As pessoas acham que vendas é um negócio menor e muitas faculdades de administração nem têm uma disciplina de vendas!

"Muitos profissionais que não decolam são os que ficam esperando que as pessoas os descubram. Acham que basta ser muito organizado, ou muito talentoso, mas não mostram para os outros sua competência. Não se veem como parte integrante da equipe comercial daquela empresa. Não gostam de vender e ficam sustentando a frase 'Eu só faço o que gosto'.

"Será que você pode fazer apenas o que gosta? Olha, eu amo a minha profissão, mas para ser um consultor de sucesso tenho de fazer inúmeras coisas de que não gosto. A começar por dormir fora da minha casa quando tenho um cliente importante em outro estado. Ao redor de cada coisa que você ama fazer existem outras dez que você não curte tanto. E muitas delas são essenciais para seu negócio!"

– Mas eu acho me vender uma chateação, e não tenho bons resultados quando tento.

– Além de mudar a maneira de pensar você tem de treinar vender. Os chefes não têm a obrigação de conhecer as competências dos seus subordinados. Nas entrevistas de emprego, você precisa saber vender sua competência. Você precisa chegar ao ponto em que vender se torne automático. Aí, sim, você terá transformado vender em prazer. E o sucesso será o resultado.

Carla olhou para o triângulo desenhado no quadro e falou:

– Você disse que um profissional campeão precisa ter quatro competências, mas só falou de três: mente de campeão, ser um líder inspirador e ser um vendedor poderoso. O que está faltando?

– A quarta é ser um empresário eficaz – respondeu Afonso.

Carla não aguentou e comentou que aqueles atributos todos estavam parecendo uma lista das qualidades da Mulher Maravilha. O consultor riu.

— É verdade, Carla, parece coisa demais. No entanto, quando você começa nessa estrada, percebe que uma qualidade leva à outra. O líder, por exemplo, tem de ter mente de campeão. E o empresário eficaz tem de ser líder e saber vender. Cada uma dessas figuras complementa as outras.

— Afonso, você esqueceu que eu não tenho empresa? — alertou Carla. — Como posso pensar como empresária se eu sou simplesmente uma empregada da minha empresa?

– Esse é um erro fatal: pensar como empregado – retornou Afonso. – Você tem de pensar como "empregária".

– "Empregária"?!

– É um termo que inventei agora! Quero dizer que para ter sucesso você tem de ser uma colaboradora que pensa como empresária.

"O empresário eficaz tem uma visão estratégica do seu negócio. Ele não fica preso a nenhum ponto específico e por isso é capaz de agir no presente com a visão do futuro. Um empregado que pensa como um empresário é capaz de alinhar o trabalho com os rumos que a empresa pretende ou precisa tomar.

"Por exemplo, se algo vai mal, você precisa olhar para a operação como um todo: atendimento ao cliente, qualidade do produto, logística, preço, como você trata sua equipe... Tudo tem a ver com todos os outros pontos, e eles, juntos, dão o resultado.

"Pense no franqueado de uma loja do McDonalds, ou do Burger King, ou do Subway. Ele não precisa ficar na loja o tempo inteiro, cuidando de todas as operações, nem fazendo todo o trabalho com as próprias mãos. Ele tem um sistema que multiplica seu tempo.

"Montar um sistema é pensar como um empresário eficaz. Ao contrário do que muita gente pensa, o bom empresário não é aquele que fica 'com a barriga no balcão'.

"Se você quer ser uma funcionária valiosa, que vai crescer com a empresa, também deve olhar para seu trabalho como um negócio.

"Quando monta um sistema que funciona independentemente do seu cuidado direto, você está livre para se movimentar. E, se o resultado do seu sistema for bom, lógico que seu movimento será para cima.

"Contudo muita atenção: você tem de montar um sistema para funcionar sozinho, mas lembrando que você é 100% responsável pelo resultado. Seu sistema permite que você tenha mais tempo, fique mais longe da operação, mas isso não lhe tira nem um pouco da responsabilidade pelos resultados. Se algo não funcionar, o sistema falhou, e, portanto, você falhou. Você tem de corrigir.

"Se você espera recompensas generosas e grandes êxitos, comece com um grande trabalho, uma entrega generosa de esforço e talento. Tudo na vida é proporcional ao que você investe. Você quer clientes engajados com seu produto? Antes de tudo seja você mesmo apaixonada por ele, defensora de tudo de bom que ele tem."

– Nossa, agora o senhor exagerou. Apaixonada pelo produto?

– É isso mesmo, não é maneira de falar. Grandes marcas conseguem ajudar o cliente a resolver problemas, mas vão muito além disso. Elas criam clientes apaixonados, que adoram a empresa e aderem a tudo que ela tem.

"Pense nos fãs que passam a noite em frente a uma loja quando a Apple lança algum aparelho novo. Ou como a Amazon conquista clientes, fazendo o máximo para oferecer uma ótima experiência de compra, com rapidez, segurança, confiança, preço. A Harley Davidson cria fãs de outro jeito: ela não fabrica motocicletas, simplesmente; ela encarna um estilo de vida. Muitos fãs da Harley até tatuam o logo da empresa no corpo."

Carla estava de boca aberta. Ela nunca havia pensado dessa forma.

– Tem ainda outro ponto importante a considerar: um empresário eficaz tem uma alta dose de pragmatismo, e um enorme estímulo para a ação.

– O que quer dizer "tem um enorme estímulo para a ação"?

– Quer dizer que, para um grande empresário, a esperança nunca pode ser uma estratégia. Se o negócio vai mal, não adianta acreditar que tudo vá mudar por conta de fatores externos, ou motivar a equipe dizendo que "depois da tempestade vem a bonança".

"O que importa é a ação. Quando a gente vê que as coisas estão fugindo do controle, ou que a estratégia está levando a empresa para o desastre, precisamos agir imediatamente.

"Arrisque, inclusive, ser malvisto por outras pessoas dentro da empresa, mas não se omita diante da dificuldade, e tome decisões sem hesitação.

"O pensamento da maioria dos profissionais é não aceitar a perda. Isso faz com que muitos continuem investindo em projetos que não têm a mínima chance de dar certo no futuro.

"Um exemplo disso é o profissional que gasta 200 mil reais para montar uma pousada e perde dinheiro um mês após o outro, mas insiste em manter o negócio porque já investiu tanto que se sente acorrentado àquilo.

"Em teoria das decisões, os americanos têm até um nome para isso: *sunk cost*, ou custo naufragado. É o custo ao qual a gente tem a tendência de ficar preso.

"Mas o custo passado já ficou lá atrás. Se houve erro estratégico, ou se a conjuntura mudou radicalmente, não adianta insistir com um navio afundado. Depois de um ano, aquele empresário, além dos 200 mil reais do investimento inicial, ainda vai perder mais dinheiro."

Carla imediatamente pensou em Renato. Será que o consultor estava dando um exemplo de pousada de propósito? Até os números eram parecidos... Renato havia investido a maior parte de suas economias no projeto e o negócio se arrastava, longe de dar lucro.

– Não é que o empresário eficaz não cometa erros – continuou o consultor. Mas ele sabe quando parar. Para citar outra expressão comum nos Estados Unidos, eles sabem quando adotar o *stop loss*, ou seja, estancar o prejuízo.

"Uma boa estratégia é definir de antemão qual é seu limite de investimento no negócio. Se esse nível chegar, a tentação de insistir vai ser grande, mas você pode lembrar que se comprometeu com determinado valor.

"Isso vale também para projetos profissionais (porque seu esforço e seu tempo são bens preciosos), e até para relações pessoais. Às vezes, é preciso, como se diz no mercado de ações, 'realizar o prejuízo' – assumir que perdeu, terminar o jogo e partir para outra."

– Mas esses seus conselhos são mais para quem vai montar uma empresa... Eu só estou procurando um emprego decente! – argumentou Carla.

– Não, Carla. Para fazer uma boa carreira, você tem de ter essa cabeça de empresária. Para subir numa empresa, você precisa entender como funciona o GPS daquela organização, analisar indicadores.

A MAIOR GARANTIA DE *sucesso* DENTRO DE UMA *empresa* É VOCÊ TER *VISÃO* DE *empresário.*

A nova lógica do sucesso

"Quais são os indicadores do seu trabalho? Você sabe responder de bate-pronto? Pense para além das paredes dos departamentos, porque não importa onde você está, precisa ser parte da empresa como um todo.

"Quando você não faz parte da empresa como um todo, você se torna um funcionário sem valor, chutado para fora do crescimento. Se você é do financeiro e só consegue pensar no prazo para entregar as notas de recebimento, pode, em algum momento, atrapalhar o trabalho de vendas, sem perceber que é justamente aquele trabalho que traz o dinheiro todos os meses.

"Entenda o GPS empresarial, tenha referências para saber se você está dentro ou fora do jogo – o que você faz está colaborando com as principais metas da empresa?

"Para entender isso, terá de estudar um pouco o funcionamento de uma empresa. Cada empresa vai ter suas métricas mais essenciais. E elas vão se espalhando pelos departamentos. O que vale mais na sua empresa: conquistar clientes novos ou manter os antigos? Se os novos compram um produto de maior valor agregado, talvez a empresa esteja investindo em ganhar sofisticação, e com isso aumentar a margem de lucro."

Carla ficou em silêncio. Então o consultor continuou.

– A maior garantia de sucesso dentro de uma empresa é você ter visão de empresário. E sabe por que uso "empresário" e não "empreendedor"?

– Por quê?

– Porque, no Brasil, muita gente fala de empreendedorismo para se referir a alguém que lança impulsivamente um negócio próprio sem fazer análise estratégica.

"Quem se posiciona como empresário tem sustentação no seu negócio, quer o mercado suba ou desça. A gente vê isso nos Rolling Stones, que seguem firmes e fortes desde os anos 1960, graças ao espírito de empresário de Mick Jagger. Você sabia que ele fez economia na London School of Economics?

"A 'empresa Rolling Stones' cuida de tudo, desde arrumar o médico para acompanhar o Ron Wood, quando ele foi internado por causa de problemas com álcool, a criar um logotipo maravilhoso, a língua para fora. E ainda tem estratégias inteligentes para monetizar o negócio, como negociar o *hit* 'Start Me Up' para uma campanha da Microsoft. Só nisso ganharam 10 milhões de dólares!"

– Será que eu consigo ser como os Rolling Stones? – brincou Carla.

– Claro que sim! Você não quer voltar ao mercado para ser chefe? Ser diretora, chegar a presidente? Quando digo para você mudar a mente, isso exige mudar de ação também. Quero ver você agindo.

Horas depois, em casa, enquanto enviava currículos e planejava novos contatos, Carla prometeu a si mesma que na próxima entrevista não ficaria quieta esperando as perguntas do entrevistador. Iria saber se vender de verdade!

ABRINDO A BOCA
na dentista

No dia seguinte, Carla acordou ainda pensando nas lições de Afonso. Ele tinha falado tantas coisas que lhe abriram a cabeça, que ela resolveu fazer anotações, para não esquecer. E, nesse processo, pegou-se pensando muito na prima. Queria que ela estivesse lá, ouvindo Afonso, porque sentia que muito do que ele dissera se aplicava a seu consultório. Então resolveu telefonar para ela.

– Oi, Julianaaa... tudo bem com você?

– Oi, prima! Tudo, estou na correria, como sempre. Já são 3 horas da tarde e ainda não consegui almoçar... E você, tudo bem? Está mais tranquila?

– Estou, sim. Ainda não arranjei emprego, mas fui conversar com um *headhunter* e ele me deu uma carga de energia. Estou repensando várias coisas na minha vida.

– Que bom, Carlinha. Mas não entendi, você foi conversar com quem?

– Um *headhunter*, Ju. É um consultor especializado em achar executivos para as empresas. E ele me falou muito sobre mudar meu jeito de pensar. Meio que na linha da psicóloga, sobre a qual tinha contado a você, mas com um jeito mais prático. E aí eu pensei bastante em você.

– Em mim?! Por quê, prima?

– Ah, ele falou muito sobre pensar no negócio. Mesmo se você é empregada. Então me toquei que você não devia pensar no seu consultório só como um lugar para atender. Ele é um negócio, também! Seu consultório é uma empresa! E você podia pensar um pouco mais como dona do negócio, não só como a técnica especializada em dentes.

– Técnica especializada em dentes? – brincou Juliana, imitando a voz de Carla. – Que jeito engraçado de falar dentista, prima!

– É, mas o trabalho de dentista é técnico, não é? Segundo o Afonso, esse *headhunter* fera, você pode fazer muito mais sucesso se conseguir se desligar um pouco do trabalho técnico e se dedicar mais a vender. Ele disse que você precisa liderar seus fornecedores, sua secretária, seus clientes. E montar um sistema de vendas, para se vender o tempo todo.

– Como assim, me vender, Carlinha?

– Se vender quer dizer conseguir novos clientes, conseguir mais serviços de cada clientes. A sua secretária a ajuda nessas coisas? Ela pode, por exemplo, ligar para alguém que fez um procedimento no dia anterior, dizendo que você gostaria de saber da recuperação, se está tudo bem. Esse tipo de coisa cria uma imagem para você. Ela também pode ligar para lembrar os clientes de que é hora de fazer uma revisão, ou uma limpeza preventiva...

– Parece que esse *headhunter* deixou você mais marqueteira do que já é! – disse Juliana, rindo.

– Não! Falei como empresária – disse Carla. – É até injusto com seus pacientes que você não dê a oportunidade para que saibam que podem ter uma dentista excelente, que ama tratar delas, que vive estudando novas técnicas, aprimorando-se.

– Obrigada, prima! Eu preciso desligar agora, vou atender mais uma pessoa, mas vou pensar nisso que você falou... Um beijo!

Ao desligar o telefone, Carla checou seus e-mails e recebeu uma surpresa agradável: tinha uma entrevista para o dia seguinte.

O COMEÇO NA
nova empresa

Desta vez, Carla foi para a entrevista muito mais preparada. Sua atitude era outra, e isso não só contou pontos com o entrevistador, mas a fez se sentir muito melhor consigo mesma. A empresa era uma concorrente daquela em que trabalhava, e o salário, descobrira, era um pouco menor. Era uma cadeia grande de lojas de varejo, que estava contratando um analista de marketing para campanhas sazonais. Não era o ideal ainda, mas nada como voltar para o mercado de trabalho e experimentar suas novas ideias.

Começou na semana seguinte. Sentia-se aliviada e vitoriosa. Estava tão animada, que nem via as horas passarem. Seu primeiro desafio era aumentar as vendas para o dia dos namorados. Seu chefe parecia não entender tanto de marketing e a estrutura da nova empresa não era tão boa quanto a da anterior. No entanto, os colegas eram simpáticos e o desafio parecia valer a pena.

Carla decidiu, então, focar no trabalho e trazer resultados. Pensou em Afonso, em fazer o que precisa ser feito. Mergulhou no projeto sem sequer dar-se um tempo para conhecer melhor seus novos colegas.

Essa rotina acabou a afastando um pouco mais de Renato. Não conseguia tirar um fim de semana para ver o namorado e eles se falavam mais por telefone. Isso a chateava, mas no trabalho estava conseguindo fazer o que Afonso recomendara: blindar a mente, ignorar o cansaço e se provar.

Três semanas depois de conseguir o novo emprego, Carla estava exausta. Num almoço com o pai, quando ele lhe perguntou como ia na nova experiência, ela se queixou:

– Ai, está difícil... Eu estava acostumada a ter mais liberdade para trabalhar, ganhar mais, com mais recursos. Aqui as pessoas não têm a cabeça muito aberta, eu sinto que esse emprego é pouco pra mim. Estou indo bem, é fácil de aprender o trabalho, mas fico sempre pensando que daria para fazer mais se as condições ajudassem.

Ao chegar do almoço, Carla recebeu um recado de que o chefe precisava falar com ela. E então escutou algo que não esperava.

– Vou ser bem sincero, Carla. Eu não estou gostando do seu trabalho. Você está pouco engajada com o time, está parecendo perdida. Precisamos corrigir esse rumo.

– Mas eu estou fazendo um planejamento minucioso de campanha, já levantei um monte de dados que a empresa nunca tinha coletado – respondeu Carla.

– E onde está esse trabalho todo, Carla? Eu não estou vendo. Você não compartilhou com a equipe. A campanha já está totalmente fora do cronograma.

Carla saiu da sala do chefe com vontade de chorar. De repente, percebeu que tinha caído na armadilha de ser a especialista solitária, a tradução da reclamação do chefe era exatamente essa. Esquecera o que tinha aprendido com Afonso. Não estava liderando, nem vendendo suas ideias, nem agindo como uma "empregária". Ficou brava consigo mesma e prometeu que iria mudar de postura, a partir do dia seguinte.

Ao chegar em casa, ligou para o pai. Contou como sua percepção de que estava indo bem demais estava errada, e de como o chefe chamou sua atenção. Sugeriu outra conversa com Afonso. Contudo, o pai retorquiu:

– Filha, pelo que você está me contando, acho que melhor do falar com Afonso, neste momento, você devia bater um papo com Augusto, aquele meu amigo empresário. O que você acha?

AS LIÇÕES DE *Augusto*

No dia seguinte, Carla foi conversar com Augusto. Ela já o conhecia havia muito tempo; ele era um grande empresário, muito amigo de seu pai, e as duas famílias passaram vários fins de semana juntas, principalmente quando Carla era criança. Augusto era como um tio para ela, e foi assim que ele a recebeu em seu escritório, com chá e biscoitos. Ainda recomendou à secretária que não o incomodasse pelas próximas duas horas.

No começo, falaram de amenidades. Augusto perguntou como ela estava e elogiou sua aparência (fazia tempo que não se viam). Contou de sua recente viagem com a mulher para a Tailândia e Índia.

– Você sabe, Carla, mesmo na minha idade eu acredito em aprendizado, em observar coisas novas. Gosto muito de ler, e gosto muito de viajar, principalmente para vivenciar experiências diferentes. Desta vez, Jussara e eu fomos para a selva, visitamos mosteiros.

Carla lembrava principalmente do bom humor de Augusto. Estava agora se impressionando com seu grau de interesse no mundo. Ele tecia considerações muito ricas sobre espiritualidade, e dizia que isso o ajudava muito a tocar seus negócios. Considerou-se uma moça de sorte porque Augusto estava demonstrando agora tanto interesse por ela.

– Agora me conta de você, Carla. – disse ele. – Seu pai me falou por alto das suas peripécias, mas a última notícia que tive foi de que você tinha arranjado um emprego novo, que estava se acertando. Como está a nova experiência?

– Não está tão boa, Augusto – respondeu Carla, mas sem nenhum tom de drama. O empresário tinha o estranho poder de fazer as pessoas se sentirem à vontade.

"Eu até achava que estava indo bem. Porque, modéstia à parte, eu entendo muito bem da minha área, e estava montando uma estratégia que era um avanço para a empresa. Só que eu não consegui implantar nada. E eu recebi um *feedback* terrível do meu chefe. Ele disse que não adiantava nada eu fazer planos incríveis sem entender como funcionava a empresa, sem alinhar minhas metas com os outros, sem conseguir o apoio da equipe. Então percebi que me fechei na minha competência técnica. Tornei-me uma especialista solitária, como diz o Afonso, um *headhunter* que o meu pai me indicou."

– Ah, o Afonso – sorriu Augusto. – Nem precisa me contar, conheço bem o discurso dele. Aposto que ele lhe falou de ser empregária, uma mistura de empregada com empresária!

– Como você sabe? – assustou-se Carla. – Ele disse que inventou essa palavra naquela hora!

Augusto soltou uma gargalhada.

– Hahaha! Só se for naquela hora em outro dia. Aliás, em outro ano. Essa palavra ele já usa há muito tempo.

– Que enganador! – disse Carla, meio brincando, mas meio chateada.

– O Afonso tem lá os seus truques, mas a gente aqui adora ele. Ele faz *coaching* para a maioria dos meus executivos.

– Também achei ele o máximo. Eu até pedi para o meu pai para ter mais uma conversa com ele, mas ele disse que neste momento seria melhor falar com o senhor.

Augusto soltou outra gargalhada, e disse:

– Claro, claro, o seu Ademir quis que você subisse na escala de importância. E acima de mim, depois, você provavelmente vai conversar... (e aí fez uma cara de quem estava pensando)... já sei! Com o senhor Ademir!

Carla riu, também. Depois falou que não, que o pai o considerava um gênio. E, mais séria, contou que o pai achava que era melhor ela escutar outras pessoas que não ele, porque eram mais isentas de opiniões tão pessoais quanto as dele.

– Já sei. Santo de casa não faz milagre – disse Augusto. Mas ele sabia que Ademir e Carla andaram muito tempo afastados, que Ademir se entregou ao trabalho com afinco demais por tempo demais e achava que tinha negligenciado um pouco a filha. Por isso suas palavras podiam ser tomadas com uma carga emocional indesejável.

– Carla, minha querida, vamos ver se eu consigo ajudá-la. Não sei se vou ser de tanta valia, porque o mundo de hoje é diferente. Contudo, acho que a essência dos negócios não muda tanto. E eu posso lhe dizer, nos mais de 40 anos como empresário eu já vi um pouco de tudo. Maré boa, maré ruim, hiperinflação, dívida em dólar, investimento, sociedades, burocracias do governo, globalização, concorrentes entrando, fusão. Muita coisa. Aprendi muito com os meus erros. E aprendi talvez mais ainda com os erros dos outros.

"Em relação aos executivos – diretores, gerentes, coordenadores, supervisores –, percebi que eles são de dois tipos: os que ficam parados em frente do computador e os que participam dos negócios da empresa. Pelo que você está me contando, o seu chefe está identificando que você é do primeiro tipo. Isso não é bom. Somente os profissionais que conhecem e participam do negócio merecem ser promovidos.

"Não quer dizer que as empresas só tenham gente muito dinâmica entre seus líderes. Às vezes, o momento é tão bom, que um profissional burocrático sobe. Às vezes, as pessoas se enganam, acham que o profissional é fazedor, mas ele se acomoda. Em geral, porém, esse pessoal estaciona em posições intermediárias, ou é expelido, especialmente em tempos de maior pressão. Quem tem mais chance de subir, e se manter no topo, ou continuar a subir, são os profissionais com espírito de liderança e vontade de participar do negócio.

"É até meio óbvio, uma questão de autopreservação da organização. A empresa gosta de quem gosta dela. Entrega mais àqueles que lhe entregam mais. E esses são os profissionais que têm a visão do negócio. São vendedores que analisam a lucratividade, que têm claro que suas ações interferem no caixa da empresa. São os profissionais de marketing que analisam o retorno sobre o investimento das suas ações, são os profissionais de recursos humanos que conseguem trazer para a empresa os talentos de que a empresa precisar para realizar suas metas.

"Aqui no nosso grupo de empresas, para um profissional ser promovido, ele tem de ter atitude de empresário. Empresário, não empreendedor. Eu não gosto da palavra 'empreendedor'."

Carla imediatamente lembrou-se de Afonso. Ele tinha feito essa mesmíssima distinção entre empresários e empreendedores. Será que ele tinha aprendido com Augusto?

> **PARA UM PROFISSIONAL** *ser promovido* **ELE TEM DE TER** *ATITUDE de empresário*

– Quando eu vejo pessoas que se dizem empreendedoras – continuou Augusto –, percebo que a maioria monta uma empresa sem fazer uma análise do negócio, um planejamento adequado. Acham que tudo vai dar certo porque elas querem que dê certo. Esperam sucesso imediato, fazem tudo sozinhas e não conseguem cuidar do negócio como um todo, em especial em longo prazo. Por isso que tantos vão à falência.

"Já a visão de empresário é diferente. O sujeito não precisa ter empresa para ter uma visão de empresário. Pode ser executivo, pode ser profissional liberal, pode ser investidor. Ou pode ser o dono de um negócio.

"O Afonso já deve ter lhe falado sobre a mente do empresário. Aquela coisa de foco, alta performance, *momentum*, blindagem..."

Carla anuiu, e completou:

– E mais liderança, e saber se vender, e ter metas e alinhar suas metas com as metas da empresa...

– Isso tudo é essencial. E eu não tenho nada a acrescentar ao discurso do Afonso. No entanto, eu posso lhe falar um pouco mais sobre outra coisa importantíssima, que é como criar uma empresa de sucesso.

Carla não se conteve e soltou um comentário irônico:

– Opa! Tem uma receita para isso?

– Receita, não – respondeu Augusto. – É um plano de voo. E ele vai dar certo na maior parte das vezes. Agora, a dificuldade não é entender o plano de voo, é conseguir implementá-lo. Deixa eu começar com o básico, para você entender por quê.

Carla inclinou-se para a frente, em sinal de interesse, e Augusto prosseguiu:

– Vou começar pelo que você não deve fazer. Os erros fatais de um negócio. Com a minha vivência, cheguei à conclusão de que existem quatro erros fundamentais que levam ao fracasso:

OS ERROS fatais do negócio

1) Falta de um produto.

2) Falta de uma apresentação fascinante.

3) Falta de um método de atração de clientes.

4) Falta de um método de vendas.

– Vamos falar primeiro da "falta de um produto". Embora isso pareça óbvio, não ter um produto estrela é mais frequente do que parece.

– Produto estrela? – Carla ficou curiosa.

– Sim. O produto estrela é o carro-chefe de uma empresa. É a primeira coisa que você cita quando apresenta o negócio. Batizei com esse nome porque ele fica como uma estrela, servindo de referência para você e para todos os clientes, e para a criação de outros produtos.

"Não adianta falar da missão, da visão, dos valores, da importância da gestão, fazer uma divulgação enorme, se na hora da verdade você não tem um produto estrela.

"Aliás, o produto estrela serve de referência para todo mundo, inclusive para seus concorrentes – o que, embora pareça algo ruim a princípio, torna-se muito útil na divulgação da sua marca, com o passar do tempo.

"Para mim, é claro que a Samsung estudou o iPhone para criar e evoluir seu celular, assim como é claro que hoje a Apple estuda o Galaxy para construir seus iPhones!"

– Entendi, você precisa ter um produto campeão, o melhor de todos – resumiu Carla, querendo passar logo por aquele ponto que ela considerava óbvio.

– Não! – reagiu Augusto, para surpresa de Carla. – Ele não precisa ser perfeito, nem superespecial. Lógico que ele precisa ser um produto *premium*, mas não tem de ser mágico. Tudo o que ele precisa é ser um produto que agrada seus clientes! Por exemplo, o hambúrguer do McDonald's está longe, muito longe, de ser o melhor hambúrguer do mundo, mas ele serve para conquistar seus clientes.

"Um consultor de Harvard, o Clayton Christensen, tem um conceito muito interessante para analisar mercados. Ele diz que você deve olhar para o tipo de serviço que as pessoas estão buscando. O hambúrguer do McDonald's presta um serviço para quem quer um gosto padronizado, está com pressa, quer pagar pouco. Não é à toa que os maiores concorrentes do McDonald's não são outras cadeias de hambúrgueres. São sanduíches de outro tipo, como o Subway, e são os restaurantes por quilo, que também entregam rapidez, preço baixo, padrão – e ainda têm um apelo para a parcela do público mais preocupada com comida mais saudável.

"Por isso, o seu produto estrela tem de ser criado para um tipo de cliente, com determinada função. Então, é claro que você tem de conhecer quem são seus clientes e, principalmente, as pessoas que você quer conquistar. Cada cliente quer e compra um tipo de produto e por isso você tem de ter claro como vai evoluir para ser sempre uma referência para seu público."

– Mas isso não é o mesmo que fazer um produto sensacional? – perguntou Carla.

– Não – disse Augusto. – O seu produto estrela precisa ser especial para seu público. Geralmente profissionais correm o risco de querer fazer o produto ou serviço que eles estão acostumados a usar. Por exemplo, você, que vem de uma família rica, acostumada a viajar em classe executiva e comer em restaurantes, pode ter dificuldade em pensar uma empresa de varejo para classes simples como a empresa em que está trabalhando agora. Se você pensar somente em produtos sofisticados nas lojas, torna-se uma pessoa de marketing que só atrapalha nas reuniões.

Esse comentário pareceu uma martelada na cabeça de Carla. Será que os muxoxos que seu chefe fazia quando ela dava algumas ideias que considerava excepcionais tinham a ver com isso?, pensou. Talvez o que ela tinha interpretado como ignorância do chefe fosse, na verdade, a adequação dele a uma realidade que ela conhecia muito mal. Talvez ela tivesse que juntar os dois mundos, entender a sofisticação e a limitação, para conseguir bolar uma estratégia realmente matadora!

No entanto, Carla logo interrompeu sua divagação, para não perder nenhuma explicação de Augusto.

– Um produto ou serviço tem de ter três características principais:

- Tem de ser **relevante** para seu público;
- Precisa **resolver** o problema dos clientes;
- Tem de ser **especial** para o seus consumidores.

Novamente ela percebeu como deveria estar parecendo um peixe fora d'água para seus companheiros de empresa. "Acho que eu não estou sendo relevante, nem estou ajudando a resolver os problemas da empresa e muito menos sendo especial", pensou.

Augusto fez uma pausa e sorriu para Carla, vendo que ela estava pensativa. Então concluiu seu raciocínio:

– E as metas de todos na organização estão relacionadas com ter um produto estrela.

– Você sabe quem tem a obrigação de construir um produto especial em uma empresa? Todos os que se importam com ela.

"Por isso, a pessoa que fica fechada no seu trabalho e não se integra ao grupo mostra que não se importa com a empresa. Ou ela só se importa com seu emprego ou acha que é uma iluminada que vai solucionar todos os problemas sozinha. No fundo ela é uma pessoa egocêntrica. E a maioria das empresas hoje não possui espaço para gente assim."

Augusto continuou:

– Ter um produto ou serviço notável dá trabalho. Você tem de olhar o mercado, os clientes, as vendas, a margem de lucro. Isso envolve se comunicar com todos os departamentos de uma empresa, procurar informação de cada frente de trabalho. Por aí você pode perceber qual é o tipo de profissional que interessa às empresas.

– Não imaginei que para crescer na empresa a gente precisasse olhar para tantas coisas – comentou Carla.

– Para você ver, Carla. Esse é o erro da maioria dos profissionais que não cresce na carreira. Eles têm visão muito limitada. Hoje em dia tudo está muito conectado, então essa realidade é ainda mais presente. É preciso analisar a cadeia produtiva completa, para garantir a entrega de um produto que seja a solução do problema do cliente. Sem isso, você vai vender uma caixa vazia. Pense: se você é dono de um restaurante, mas não tem uma comida sensacional, então não tem um restaurante.

"Talvez pareça meio estúpido falar que é preciso ter algo para vender no seu negócio, mas muita gente não cuida disso. Vejo muitos empresários que têm apenas um monte de ideias soltas. É preciso ter um produto, e esse produto tem de ser bom o suficiente para que as pessoas o comprem.

"Para você ter sucesso na sua carreira, tem de procurar ideias o tempo todo, para contribuir para que os produtos de sua empresa sejam os melhores.

"Veja: hoje você está trabalhando em uma grande rede de lojas do varejo, mas seu trabalho não é simplesmente fazer campanhas para vendas do produto. Você precisa também analisar os produtos e ver seus resultados, inclusive para poder fazer campanhas mais eficazes."

– É verdade – concordou Carla.

Augusto retomou o raciocínio, junto com Carla:

– À medida que você conhece e ajuda a melhorar a qualidade do produto, você participa da construção da sua empresa.

"Analise os produtos que vocês vendem. Veja se estão dando uma margem de lucro significativa, verifique se eles não estão ultrapassados. Perceba se acompanharam o avanço tecnológico, se as pessoas ainda precisam das soluções que eles representam na vida delas.

"Uma empresa não tem de ficar com o mesmo produto a vida toda. Aliás, isso é um risco. Olha a IBM, por exemplo. Eles vendiam computadores gigantescos, os *mainframes*, e quase foram destruídos quando os computadores pessoais se popularizaram. Contudo, eles souberam se reinventar, prestar consultoria, vender serviços, principalmente de armazenamento e coleta de dados. E, agora, estão novamente precisando dar um salto, segundo vários analistas de negócios, porque as tecnologias mudaram e eles têm novos concorrentes – como a Amazon, por exemplo, que entrou no negócio de vender armazenamento de dados para as empresas.

"Olha a Kodak. Foi nos laboratórios da Kodak que inventaram a fotografia digital, mas a empresa decidiu não investir nisso, porque o filme tinha mais qualidade e dava muito mais lucro. Entretanto, a fotografia digital foi melhorando e, de repente, a Kodak não tinha mais um negócio. Será que ninguém na empresa estava vendo que a empresa ia naufragar?

"Mudar o produto faz parte da vida da empresa. No entanto, melhor mudar proativamente, quer dizer, você ditar a mudança, em vez de ser obrigada a mudar porque seu carro-chefe foi abandonado pelos clientes."

– Estou entendendo que isso vale também para um profissional... – comentou Carla. – Parece que estou precisando me mostrar como um produto que ajuda as pessoas a atingirem suas metas.

– Certíssimo! – respondeu o empresário.

– E como eu vou saber o que é mais relevante? – perguntou Carla.

– Não é fácil. E é sempre uma aposta. Mas você tem muita chance de acertar se pensar sempre um ou dois níveis acima do seu. Quer dizer: se você é gerente de uma agência do banco, não precisa quebrar a cabeça para tentar estabelecer a estratégia mundial do banco. No entanto, pode pensar nos problemas que o afetam, e nos problemas que afetam quem está um nível acima. Em suma: conheça as metas do seu chefe, procure entendê-las e ajude-o a realizá-las. Um dos seus objetivos mais importantes deve ser ajudar seu chefe a realizar as metas dele! Quando seu chefe não tem sucesso, ele não vai ter como ajudá-la a subir, a realizar as suas metas.

"O profissional que não participa da discussão dos assuntos vitais da empresa não percebe que suas competências são como um produto. Você tem de acompanhar a evolução do seu produto – você mesma, no caso. Tem de cuidar dele, e ao mesmo tempo pensar no próximo produto. Quando você é um produto especial, todos querem comprar!"

– Não sei se entendi – disse Carla.

– Então vamos trazer esse raciocínio todo para o seu momento atual, para ficar mais concreto. Quando você é um profissional especial, todas as empresas querem contratá-la. Então, uma boa medida disso é se você recebe ofertas com frequência. Há quanto tempo ninguém a procura? Será que você não é um produto ultrapassado, ou um produto que tem muitos similares?

"Você não quer que o seu chefe pense em você como uma máquina de datilografar, que tem uso muito limitado. Melhor seria se ele a enxergasse como um computador, que pode datilografar, mas tem outras mil e uma utilidades, certo?"

Carla ficou pensativa. Augusto parecia entender perfeitamente suas dificuldades, tudo o que ele dizia fazia sentido. Ao mesmo tempo, porém, ela resistia muito à ideia de pensar em si mesma como um produto.

Augusto completou:

– Nas minhas empresas, como em tantas outras, os executivos que sobem rapidamente são aqueles que ajudam a empresa a melhorar seus produtos. Quem vive isolado, em geral acha que está ajudando, mas, na verdade, está cavando um buraco, e normalmente vai ficar ultrapassado como uma máquina fotográfica que usa filmes.

– Entendi o seu ponto – Carla concordou.

– Ótimo – disse Augusto. – Então, vamos para o segundo dos erros fundamentais que levam ao fracasso: a falta de uma apresentação fascinante.

– Isso tem a ver com saber se vender, não é? – sugeriu Carla, lembrando-se dos tópicos de que Afonso tinha lhe falado.

– Tem, sim. É um tópico da venda. E é também um dos motivos mais comuns para as empresas não darem certo. Na verdade, essas empresas são, elas mesmas, produtos mal-acabados. Não procuram pela elegância dos seus produtos.

"Como você se sente em um restaurante cuja comida é boa, mas o atendimento é ruim, ou o ambiente é malcuidado? Se a comida for sensacional eles podem se manter por um tempo, mas sempre terão problemas de caixa porque o cliente cobra caro por ser mal atendido.

"Observe as empresas que estão falindo, como elas já têm uma cara de empresa falida. Imagine se um salão de beleza for feio! Vai ter de cobrar muito barato para ter alguns clientes.

"Parece que nos lugares com prejuízo tudo é feio. É até normal. A organização entra num círculo vicioso: não dá muito lucro, então começa a cortar custos, deixa de investir na pintura, na reforma, os aparelhos não são trocados com a frequência certa, contratam-se funcionários mais baratos... E aí o faturamento em geral cai mais um pouco, obrigando a uma nova onda de cortes, que leva a outra queda de faturamento... até fechar as portas, ou, na melhor das hipóteses, aparecer alguém com um projeto de mudança radical. Por isso, em geral as empresas com dificuldade são mais feias, os colaboradores mais malvestidos, os produtos são mal-acabados. Coloque isso em sua mente: ser feio custa muito caro para a empresa. As empresas de sucesso têm muito mais beleza e elegância."

– Empresas de ricos? –, arriscou Carla.

– Não estou falando em ostentação. Pode ser tudo muito simples. Aliás, hoje em dia o luxo é a simplicidade. Mas é uma simplicidade elegante, limpa, que alegra os olhos. Observe que algumas empresas, mesmo atendendo as classes C e D, têm tudo muito especial. Seus profissionais são elegantes. A loja é linda. Fazem embalagens fantásticas para seus produtos. Parece até que vendem uma joia. Isso é planejado, não acontece por acaso. Qualquer empresa de sucesso respeita o papel essencial da apresentação de seu produto ou serviço.

"Tem várias cadeias de lojas de roupas tais como a HM, Forever 21, em que os produtos são baratos, mas são muito bem cuidados, criados por designers famosos, vendidos em lojas elegantes. E crescem. Aliás, uma tendência dos últimos anos é de as empresas mais poderosas buscarem ganhar mercado entre as classes mais pobres. É o que um consultor indiano, C.K. Prahalad, chamou de 'riqueza na base da pirâmide'. Aqui no Brasil, grandes multinacionais como Nestlé, Parmalat e outras começaram a investir em levar seus produtos para o pessoal de renda mais baixa."

– E como elas conseguiram? – perguntou Carla, sempre interessada em questões de marketing.

– Fizeram embalagens menores, por exemplo. Assim diminuíram a quantidade e conseguiram cobrar menos. Ou investiram em distribuição, porque tinham de chegar a pontos de venda muito menores ou mais distantes. Agora, o ponto principal é: quando as pessoas experimentam os produtos melhores, não querem mais voltar para os menos sofisticados...

Carla sorriu e concordou com a cabeça. E Augusto continuou:

– A Coreia do Sul é um exemplo de um país inteiro em busca de uma apresentação sensacional. Os carros da Hyundai eram ótimos, mas o custo de não terem um design especial era muito alto. Os celulares da Samsung eram muito bons, mas pagavam caro pelo design simplório. Agora vemos que essas empresas estão investindo alto em apresentações irresistíveis. É um modo de vencer a barreira do preconceito. Você não era nascida, mas na década de 1960 os produtos japoneses eram considerados de péssima qualidade. Eles trabalharam muito até reverter essa imagem. Hoje, um 'made in Japan'; é considerado garantia de qualidade. Da mesma forma, uma etiqueta de 'feito na Coreia' era sinal de coisa barata, malcuidada, de pouca qualidade. O país investiu muito, em qualidade primeiro e em apresentação logo em seguida, para mudar essa percepção. A China está fazendo a mesma coisa.

"E é claro que o maior exemplo é a Apple. Já virou lugar comum falar da elegância dos produtos da Apple. O design do aparelho, até das embalagens, passa a sensação de organização e qualidade."

– É verdade – concordou Carla. – Eu não peguei essa época em que produto japonês era considerado de terceira, mas dos coreanos eu me lembro bem. E eu sei que a Hyundai investiu um monte de dinheiro, trouxe até um designer famoso da Alemanha, para melhorar toda a apresentação dos seus carros.

– Exatamente, Carla. Isso não vale só para os produtos, vale para qualquer profissional. Um consultor que vende um projeto de um milhão de reais precisa ter um site e uma apresentação de serviços que corresponda ao valor que ele pede, e seus funcionários precisam ter o rosto e o discurso de um projeto de milhões de reais. O melhor mesmo é que sua apresentação esteja um ponto acima do seu produto.

– Um ponto acima? – estranhou Carla. – Isso não é querer iludir o cliente?

– Não. Você mostra ao cliente quanto o valoriza ao fazer uma apresentação digna de rei para ele.

Augusto levantou-se e preparou outro chá para Carla e também se serviu.

– Quando você for fazer a apresentação de um projeto na sua empresa, tem de ser muito bem organizada e elegante. Quando um gerente vem me apresentar um projeto sem preparação nenhuma, fico com a impressão de que ele não faz nada bem-feito.

– A aparência conta tanto assim? – desafiou Carla. Como tanta gente, ela cresceu achando que havia uma divisão clara entre aparência e essência, entre parecer e ser, e o segundo era muito mais importante que o primeiro. A fala de Augusto ia totalmente contra essa separação.

– A aparência conta sim. No entanto, veja: não é uma aparência vazia. Tem de ser uma ótima aparência, que tenha tudo a ver com um ótimo conteúdo. Pense na aparência como uma peça de propaganda. Se o produto não corresponde ao que você anuncia, o resultado é a decepção, e isso é muito pior do que não ter anunciado nada. Por outro lado, pense num preparador físico obeso. A aparência dele atrapalha muito a venda do produto, mesmo se ele for o melhor preparador do país. Fica difícil acreditar que ele possa me prestar um serviço ótimo de preparação física se ele aparenta não ter feito isso para si próprio...

Carla sorriu e Augusto continuou com a explicação.

– O terceiro erro que leva ao fracasso, por incrível que pareça, é a falta de um método de atração de clientes.

"Novamente, vou falar algo que parece óbvio, mas que tanta gente não entende. Você tem de trazer as pessoas até você para conhecerem seu produto. Não importa se você é dono de uma loja no subúrbio, ou um médico em seu consultório. Se não souber atrair clientes, vai morrer de fome!

"Tem muita empresa e muitos profissionais que não investem

em mostrar sua cara, ficam escondidos. Isso é um grande erro. Se as pessoas não conhecerem seu negócio, o crescimento vai ficar limitado. Depois de garantir que você tem um bom produto, é hora de se tornar disponível on-line e off-line.

"Hoje os clientes pesquisam tudo o que querem na internet. Então você precisa ter site, página profissional, e-mails, contatos. E também precisa estar disponível fisicamente, por exemplo, se for uma loja: ter um bom ponto, ou pagar mais para estar num shopping.

"Ser encontrado é essencial. Crie um centro de atração para seus clientes, porque eles não têm como adivinhar que seu produto existe, que é bom, que serve para eles.

"Pense no esforço que as vinícolas fazem em termos de divulgação, para que provemos seus vinhos nos supermercados, deixando promotoras especiais para isso. É para que você pegue gosto pelo produto, logo no local onde ele é vendido.

"Hoje, com redes sociais e comunicação relâmpago, até a padaria da esquina tem de ter um site. Se alguém viu um produto e gostou, tem de ter uma forma de contatar a empresa, de poder comprar na hora.

"Você tem de ter a capacidade de atração para seus colegas e principalmente seu chefe. Se você é uma executiva, tem de conhecer muito a empresa, participar dos projetos, ter ideias sempre, para que as pessoas queiram saber sua opinião sobre tudo.

"Faça sempre esta pergunta: 'O meu chefe me convida para um café, para perguntar sobre o momento do departamento, ou mesmo discutir um projeto?'.

"Se ninguém convida você para conhecer suas ideias, é porque você não está mostrando sua competência nem seu compro-

FAÇA SEMPRE ESTA PERGUNTA:

• • • • •

O MEU CHEFE ME CONVIDA PARA UM CAFÉ, PARA PERGUNTAR *sobre o momento do departamento,* OU MESMO DISCUTIR *um projeto?*

• • • • •

metimento com a empresa.

"Você tem de estar na mente das pessoas, da mesma maneira que nos lembramos do nome de um restaurante especial quando queremos almoçar com uma pessoa especial.

"Você não pode ser aquela pessoa que nas reuniões entra muda e sai calada. Tem de mostrar suas ideias, tem de se mostrar disponível. Quem não atrai atenção não tem atenção das pessoas.

"Quando pensarem em algum projeto, seu nome tem de ser um dos primeiros a vir à cabeça. Para isso você tem de ser boa, é claro. No entanto, ser boa apenas não basta. Tem de lembrar os outros de que você é boa, e no que é boa."

Nesse momento, Carla fechou os olhos, e deu um meio sorriso, com a expressão de quem teve um estalo. O que Augusto estava dizendo, pensou, é que não era obrigação do chefe, nem de ninguém na empresa, perceber quanto suas ideias eram boas ou do que ela precisava. A obrigação era sua de se comunicar bem. Quando Afonso falou em se vender, ela compreendeu, mas de um jeito mais abstrato, achando que aquilo era um esforço extra, de marketing pessoal. Agora entendia que não, que isso fazia parte do trabalho, era um componente essencial do trabalho. De que adianta ter uma ideia e guardá-la num cofre, protegê-la de todos? Vender-se, ou, como Augusto estava dizendo, mostrar sua cara, atrair atenção, não é narcisismo. É arregimentar forças, é oferecer seu produto. E o melhor é que agora ela compreendeu que não estava errando tudo, que bastava fazer uma correção de rota para arrumar sua carreira.

Augusto percebeu, pela expressão de Carla, que ela tinha captado sua mensagem. Então, deu-lhe um tempinho e, em seguida, prosseguiu:

– Finalmente, temos o quarto erro que leva ao fracasso: a falta de um método de vendas poderoso.

– Que também tem a ver com saber se vender...

– Isso. Como você pode perceber, muita coisa gira em torno da venda. E toda empresa tem de ter um método de vendas muito eficaz.

"O que é isso? É ter as políticas de vendas estruturadas, vendedores comprometidos e preparados, e principalmente ter uma atitude de procurar sempre vender mais e com mais lucro.

"Eu quero todo mundo na minha empresa comprometido com vendas. Por isso, as pessoas que me trazem negócios são as que eu vou promover. Porque sei que, quando as pessoas que trazem negócios estão infelizes na empresa, vão sair e levar os negócios para o meu concorrente.

"Como profissional excelente, qualquer projeto que você fizer tem de responder a estas perguntas: 'Este projeto vai ajudar a vender mais? Vai dar mais lucro para a empresa?'.

"A pessoa que não tem uma atitude de ajudar a empresa a vender, a bem da verdade, não sabe 'se vender'."

– Verdade... Para mim, vender é um suplício. Não sou muito boa nisso. Ainda mais vender a mim mesma – disse Carla.

– Vender-se bem tem a ver com a sua consciência da necessidade de ajudar todos a venderem mais e melhor. Sempre pense que você é uma profissional de vendas, mesmo trabalhando no marketing! A gente tem a noção errada de que vender é tentar tirar algo do outro. Por isso a maioria das pessoas tem implicância com vendas. Mas pense bem: a venda é uma oferta. Você está, ao contrário do que se pensa normalmente, oferecendo algo, não tentando tirar algo. E o poder está com o comprador. Ele é que decide se vai aceitar o negócio ou não. Só quando você vende um produto ruim, que não cumpre o que promete, é que você está enganando alguém. Na maioria das vezes, o vendedor está é prestando um favor. Ele vai lucrar, claro, mas isso é bom: se ele lucra, é porque está oferecendo algo que tem valor.

– E como eu posso vender melhor?

– Como você trabalha em uma empresa de varejo, então estude os concorrentes, entre em sites de varejo, veja com quem você vai competir e como são apresentados os serviços e produtos que concorrem com os seus. E então, com todo esse material, faça um plano de ação para seus produtos. Faça isso como rotina, preste sempre atenção no ambiente de vendas do seu setor. Internamente, você tem de prestar atenção naquelas coisas que eu falei: mostrar-se competente, disposta, generosa, ativa, entregar ideias, comprometer-se. E prestar atenção nos demais profissionais que estão fazendo isso, para formar grupos bons de trabalho.

– Ufa! – disse Carla. O senhor falou muita coisa!

– Você vai ficar me tratando de senhor, Carla? – riu Augusto. – Você já fez xixi no meu colo quando era bebê, acho que pode me tratar com mais intimidade...

Carla riu:

– Tem razão, Augusto...

– Eu tenho esse defeito, me empolgo e falo demais. Mas, resumindo, um profissional de sucesso precisa:

- Ajudar a empresa a ter um **produto estrela**;
- Construir e participar de **apresentações poderosas**;
- Planejar e estimular o centro de **atração** de **clientes**;
- Seguir o método de **vendas** da empresa e contribuir para que ele **evolua**.

– E tem mais: é preciso ficar atenta, porque esses quatros pilares fundamentais dos negócios se ligam. Você precisa se acostumar a não pensar em um sem pensar nos próximos.

"Primeiro, você precisa ter um produto e isso leva a apresentar esse produto de forma que ele seja fantástico, irresistível, para gerar uma experiência para seu cliente.

"Depois, você já tem o produto, ele é bom, tem boa apresentação, mas não vai sair do estoque se o cliente não souber que ele existe. Isso nos leva ao centro de atração, para saber onde seus clientes estão e como atraí-los para seu negócio.

"Quando os clientes já sabem do seu produto e conseguem encontrar você, o que falta? Fechar as vendas. E para isso você tem de ter um método que permita vender de forma natural.

"Pense sempre nisso como um círculo virtuoso."

– Do modo como você fala, tudo parece simples demais. Tenho a sensação de que você está me dizendo simplesmente "seja uma boa profissional e pronto!" – Carla argumentou.

– Mas é isso mesmo. Para mim, ser um empresário é algo muito simples. Se você pensar como empresária, mesmo sendo apenas uma colaboradora na empresa, e a partir daí se envolver nas atividades que levem essa empresa a evoluir, os chefes vão ver você com outros olhos. Porque você já vai ser uma funcionária-dona.

"Agora, o mais importante para conseguir participar do aprimoramento desses projetos é ter espírito de equipe. É saber trabalhar cooperativamente."

– Doutor Augusto – interveio Carla, logo se corrigindo pelo tratamento respeitoso. – Quer dizer, Augusto. Eu acho que preciso aprender rapidamente a ser cooperativa. Minha atitude tem sido "ver os outros como concorrentes ao meu cargo" e não como auxiliares para meu sucesso.

– Veja, Carla. Eles são de fato seus concorrentes. No entanto, são também seus parceiros. Sem eles, você não vai chegar a lugar nenhum. É interessante como a pessoa com espírito competitivo distorcido acaba ficando fora do jogo. Como ela não confia nos outros, acaba criando na pessoas a dificuldade de ser uma pessoa de confiança.

"O especialista solitário 'é solitário'! Ou seja, não se preocupa com as pessoas e, portanto, não pode ocupar um cargo de liderança.

"Quando eu promovo alguém, sempre procuro as pessoas que ajudam os companheiros e a empresa a crescer, pois essa tem de ser a essência da liderança.

"Agora, ser líder não é uma qualidade em si. A mim interessa o profissional que lidera não porque quer estar à frente da equipe, mas porque tem uma noção mais clara do que tem de ser feito, e naturalmente consegue levar o time para essa direção.

"Por isso a gente prega, aqui no grupo, que todo mundo deve ser líder. Muita gente interpreta como um jeito de fazer média com a turma. Contudo, o nosso recado é que a gente não quer pessoas focadas em cumprir ordens, simplesmente.

"Sabe o lema do comandante do Bope, que ficou famoso com o filme *Tropa de Elite*?"

– "Missão dada é missão cumprida" – disse Carla.

– Pois é, a gente não gosta muito desse lema por aqui. Não é que eu não queira gente motivada trabalhando para mim, longe disso. Mas não quero cumpridores de ordens automatizados. Eu quero pessoas que pensem no que tem de ser feito e façam porque sabem o que fazem.

"As pessoas complicam muito a administração de um negócio. Você vai observar que pessoas de sucesso têm uma estratégia muito simples.

"Converse com outros amigos do seu pai que têm sucesso. Você vai ver que a maioria deles tem regras simples e tem sucesso implementando esses princípios.

"Lógico que há muitos fatores para você ser uma grande executiva, como saber entender os números da empresa para poder ajudar a melhorá-los, ou analisar as tendências do mercado para poder criar uma estratégia de longo prazo, mas, no dia a dia, foque nesses quatro pilares. É simples e funciona!"

Carla suspirou e sentiu certo alívio.

– Augusto, você me ajudou muito, muito obrigada. Eu saio daqui tranquila. Para mim ficou bem mais claro como eu tenho de agir a partir de agora.

– Que bom, Carla! Então, deixe-me lhe dar mais uma orientação: procure sempre conversar com pessoas que já têm sucesso. Observe os fracassados, analise onde eles erraram, mas não dê atenção aos seus conselhos. Você sabe, pessoas rancorosas costumam procurar outras iguais para formar grupos de gente rancorosa, que fica o tempo todo reclamando de seus planos grandiosos, mas que não conseguiu realizar nada porque o mundo não deixou, não deu oportunidades, não os entendeu. Cuidado para não se deixar prender por gente assim. Pessimismo é uma doença mais contagiosa do que a gripe. E muito mais letal para a sua carreira.

Este último conselho bateu como uma pedra no coração de Carla. Ela imediatamente pensou em Renato. Ele não era, de forma nenhuma, alguém que pudesse ser definido como otimista. Seus conselhos quase nunca eram conselhos, eram mais queixas do que qualquer outra coisa...

Pouco depois, já em casa, Carla começou a pensar no projeto que apresentou para seu chefe. Ela o havia construído sem pensar nos produtos, na sua apresentação, em como conquistar um novo público, ou em como sua campanha impactaria nas vendas. As ideias talvez estivessem certas, mas não havia números para corroborá-las. E ela não tinha a menor ideia de como a empresa as implementaria, se as adotasse. Percebeu, então, que havia

pensado no
não houvesse
redor do seu
beu que havia
ria que toda
adaptasse às
vez de se in-
ço dos líderes
negócio ao

projeto como se
uma empresa ao
trabalho. Perce-
sido cega. Que-
a empresa se
suas ideias, em
tegrar ao esfor-
para levarem o
próximo nível.

Pessimismo
É UMA DOENÇA MAIS
CONTAGIOSA QUE GRIPE

MUITO MAIS LETAL PARA
SUA CARREIRA

Oportunidades
NO TRABALHO

Crise
NO AMOR

Enquanto estava refletindo sobre seu trabalho e tecendo estratégias para ser mais bem-sucedida, o telefone tocou. Era Renato.

– Oi, gatinha. Como está a vida? – disse ele. – Você vem aqui para a pousada este fim de semana?

– Oi, amor – respondeu Carla, com a voz um pouco cansada. – Não sei, eu não estou muito bem.

– O que houve, Carla? Está doente?

– Não, amor, é o trabalho. Você sabe quanto quero acertar nessa empresa nova, mas as coisas não estão andando direito. Aí o meu pai arranjou uma conversa com o Augusto, um empresário amigo dele que eu conheço desde criança...

– Seu pai arranjou outra conversa?! – interrompeu Renato.

Carla, então, contou da conversa, dos toques que ele lhe dera, de como ela achava que estava fazendo as coisas certas e, no entanto, parecia faltar outro olhar, entender a empresa, se abrir para os colegas. Ela começou a falar mais depressa, empolgada, e Renato a interrompeu novamente, impaciente.

– Tá bom, e o que isso tem a ver com você não querer vir para cá no fim de semana?

Carla sentiu a ducha de água fria. A verdade é que ela não

estava com muita disposição de entrar no ritmo de Renato, mas não sabia direito por quê.

– Amor, eu fiquei muito mexida com a conversa sobre a minha carreira. Estava justamente repensando toda as minhas ideias para a campanha de que eu estou cuidando. E também estou pensando em como vai ser a minha nova postura no trabalho. Eu não sei se estou com cabeça de ir para a praia este fim de semana.

– Ai, caramba! – reclamou Renato. – Esse pessoal fica enchendo a sua cabeça de minhocas e no final sobra pra mim!

– E se você viesse para a cidade? A gente pode pegar um cineminha, de repente. Você fica lendo um pouco enquanto eu trabalho, mas a gente fica junto...

– Carla, você sabe que eu trabalho nos fins de semana. É quando tem gente na pousada. Eu não tenho como pagar gerente bom para ficar aqui e cuidar de tudo na minha ausência. Você não pode fazer o seu trabalho aqui?

A verdade é que Carla podia fazer seu trabalho em qualquer lugar. No entanto, embora não admitisse para si mesma, achava que a companhia de Renato nesse momento de redefinição de sua atitude no trabalho iria prejudicar mais do que ajudar. Então acabou dando-lhe uma alfinetada:

– Sabe, Renato, você devia ouvir também as conversas que eu estou tendo. Uma das coisas que eu ouvi, por exemplo, é que o bom empresário não é aquele que fica com a barriga no balcão, cuidando do seu negócio o tempo inteiro. Ele consegue montar uma equipe boa, e ter tempo para pensar no que realmente importa...

Aí Renato explodiu. As brigas entre eles estavam ficando frequentes.

– Ai, Carla, pelo amor de Deus, não vem me passar sermão. Esses caras nunca vieram à minha pousada, o que eles entendem do meu negócio? É típico desses caras, dar palpite em qualquer coisa. Se você está sofrendo esse tipo de lavagem cerebral, acho até bom não vir aqui na pousada para me criticar. Já tenho problemas demais. Agora deixa eu ir, que estão me chamando para resolver um pepino. Amanhã a gente se fala.

Assim que desligou, Carla ficou pensando em como Renato tinha mudado. Ele antes era tão carinhoso. Ou será que ela é que tinha mudado, e ele não tinha acompanhado? Ao contrário de outras crises no namoro, porém, dessa vez a briga não lhe estragou o humor por muito tempo. Dez minutos depois ela já estava de volta aos seus planos para o trabalho. Quando reparou nisso, pensou: será que estou ficando craque naquela história de blindagem, que o Afonso ensinou? Ou será que o Renato já não é mais tão importante para mim?

Era, provavelmente, um pouco de cada coisa.

DEPOIS DO NAMORADO, *o pai*

No dia seguinte, Ademir ligou para Carla, perguntando como tinha sido a conversa com Augusto. Carla disse que havia sido ótima, não se lembrava de como o Augusto era engraçado, e não tinha ideia de como ele era inteligente. E comentou, por pura admiração, que adoraria trabalhar com ele.

– Ele também a adorou, filha. E, para falar a verdade, queria contratá-la. Eu é que pedi que ele não fizesse isso...

Aí Carla se zangou.

– Mas pai, por quê? Você não quer me ajudar? Imagina quanto eu ia crescer aprendendo com o Augusto!

– Eu sei, filha. Mas não importa só aonde você chega. Importa também como você chega. E eu não quero que você entre lá pela porta da indicação do seu pai. Você nunca ia ser respeitada. Talvez um dia você trabalhe com ele. Mas isso tem de ser uma conquista sua. É muito melhor quando a gente vence por conta própria. Não só você fica mais preparada para os próximos desafios, mas também é mais gratificante a conquista. As pessoas podem guiá-la, mostrar-lhe opções, dar-lhe conhecimento. Mas você tem de se apropriar dessas coisas todas para construir seu próprio caminho.

Carla conhecia o pai, sabia que ele tinha uma boa dose de razão, mas achava que ele vivia em outra lógica. Sabia de tanta gente que tinha ido trabalhar na empresa da família, ou tinha se arranjado por indicação... E tinha certeza de que a competência, no final, prevalece. Quanta gente boa não foi trabalhar com o pai e depois pegou a empresa e a levou mais longe ainda? Só no Brasil tinha a Gol, em que o presidente era o filho do dono, a Gerdau, que ia passando de geração em geração, o Magazine Luiza, em que a sobrinha herdou a loja e a transformou num império...

No entanto, em vez de se ater às queixas, Carla resolveu trabalhar melhor, mostrar ao pai que ela podia vencer – e que ele é que saía perdendo por não confiar nela.

O RESULTADO *da campanha*

Nos dois meses seguintes, Carla transformou-se no trabalho. Não foi fácil, principalmente porque ela já tinha causado uma primeira impressão ruim entre vários colegas. Contudo, demonstrando genuíno interesse em aprender e conhecer as ideias dos demais, Carla começou a construir relações mais sólidas no trabalho.

Em reuniões, defendia suas ideias. Talvez mais impressionante, defendia também as ideias de outras pessoas, quando concordava com elas. Procurava vários profissionais de outros departamentos para entender seus desafios e problemas, e o que eles achavam de seus planos.

Aos poucos, ela passou a ser consultada, tanto ou mais do que consultava. E suas ideias ganharam força. Embora, como ela mesma fazia questão de dizer, não fossem mais puramente suas ideias – tinham sido enriquecidas com sugestões da equipe, dos chefes, até de clientes e fornecedores.

Os pequenos sucessos do dia a dia foram reforçando em Carla o hábito de trabalhar em conjunto. Não que tivesse se transformado repentinamente. Ainda sentia necessidade de se isolar, de vez em quando, para pensar e trabalhar sozinha. No entanto, em seguida, compartilhava suas conclusões, e estava aberta a melhorá-las. Sua imagem mudou, aos poucos, de arrogante para obstinada; de mandona para dedicada; de chata para tenaz.

Seu chefe também percebeu o esforço de Carla para mudar, e foi um aliado nesse processo. Desde que percebeu sua disposição, ele passou a chamá-la para mais reuniões, a pedir mais opiniões, a envolvê-la em decisões que não tinham diretamente a ver com sua função. E, quando veio o resultado das vendas do dia dos namorados, da campanha que Carla liderou, o chefe a chamou para parabenizá-la.

Carla ouviu os parabéns, agradeceu sorrindo, mas em seguida disse que o mérito era de toda a equipe. E disse, também, que sabia que estavam todos de parabéns, mas já havia feito uma análise da campanha e notado pontos de aprendizado, para fazerem ainda melhor da próxima vez.

Então Carla ouviu outra repreensão do chefe – mas, desta vez, por não se permitir comemorar.

– Carla, vamos festejar essa campanha. É importante reconhecermos e marcar os pontos de sucesso. É claro que você ainda pode, e vai, fazer muito melhor no futuro, mas nunca esqueça de comemorar quando tiver um bom motivo.

Ele tinha razão, pensou Carla. Por isso, depois do brinde com toda a equipe, ela fez questão de encomendar um buquê de flores. No cartão, escreveu: "Augusto, obrigada por todos os conselhos sobre como trabalhar em uma empresa. Hoje tive meu primeiro sucesso memorável no trabalho, e estas flores são para demonstrar minha gratidão".

DÁ PRA FICAR
COM ALGUÉM QUE
não o apoia?

Naqueles dois meses, Carla se dedicara tanto ao trabalho, que mal tivera tempo de pensar na crise com Renato. Os dois estavam se encontrando menos. Quando se viam, evitavam falar de trabalho. Mas, agora, estava tão eufórica com seu sucesso que quis compartilhar a vitória com o namorado, ele foi o primeiro para quem ligou ao sair do trabalho. Para seu desencanto, ele foi irônico com a notícia.

– Parabéns, Carla. Acho que eu posso até contratá-la para fazer uma campanha para minha pousada, não é? Provavelmente eu vou vê-la mais se eu passar a fazer parte do seu trabalho...

Carla também não se fez de rogada.

– E certamente a sua pousada vai fazer mais sucesso. Mas você está disposto a mudar o jeito como ela funciona? E mudar o jeito como você funciona? Aí, sim, a gente vai acabar se vendo mais, Renato!

Com essa resposta, Renato percebeu que havia sido indelicado e pediu desculpas. Contudo, para ambos estava ficando claro que o relacionamento não ia bem. Ao desligar, Renato pensou que Carla era uma mulher fantástica, mas não era mais a menina meiga por quem ele tinha se apaixonado. E, se permitisse, ela iria dominar sua vida, controlá-lo.

Já Carla nutria esperanças de que pudesse transformar Renato. Afinal, se ela estava mudando tanto, ele também poderia mudar. No entanto, ao mesmo tempo, já não sentia a mesma admiração por ele. E vinha notando que, ao final dos encontros com Renato, ficava triste. Era como se ele lhe drenasse energia, em vez de revigorá-la.

Sentindo que estava carente, telefonou para a prima Juliana.

– Ju, precisamos comemorar – disse, mal a prima falou "alô". – A campanha da minha equipe foi um sucesso, o chefe me elogiou, estou supercontente!

– Nossa, que maravilha, Carla! Finalmente a reconheceram, não é?

– Não, prima. Eu é que finalmente entendi como é que se trabalha. E, depois de um esforço danado na direção certa, estou começando a colher o resultado. Se Deus quiser, ainda virá muito mais resultado por aí, porque eu não vou parar de fazer as coisas do jeito que elas têm de ser feitas.

– Uau! Que discurso, Carla! O que foi que você aprendeu?

– Ah, lembra daquelas conversas com o Augusto, o amigo do meu pai que é um megaempresário? Pois é, eu fui seguindo os toques dele, e aos pouquinhos percebi que algumas atitudes fazem toda a diferença. E, quando você faz as coisas certas, parece que coisas boas acontecem. As outras pessoas ficam inspiradas a agir melhor, a sua cabeça funciona melhor...

– Que máximo, Carlinha!

– Isso vai ser bom para você também, Ju. Eu tenho muitas dicas para a senhora turbinar seu consultório, viu? Você tem de pensar no seu consultório como uma empresa.

– Carla, consultório de odontologia não é empresa!

– É, sim. Eu já lhe falei isso. Mas tudo bem, da primeira vez que eu ouvi essas coisas, também não comprei o discurso. Fazia sentido, mas não me batia no coração. Agora, quando você ouvir dos quatro pilares que o Augusto me ensinou, vai se convencer. Qualquer profissional liberal vai ter muito mais sucesso se entender que seu consultório ou escritório é uma empresa.

– Ai, se isso me ajudar a sair da dureza em que eu vivo... tô dentro.

– Então vamos marcar no sábado, para eu lhe contar tudo.

– Vamos! Mas, espera aí... no sábado você não vai para o litoral, ficar com o Renato?

Carla soltou um suspiro, que Juliana interpretou da maneira correta:

– As coisas não estão bem entre vocês, prima?

Foi então que Carla desabafou. Disse que não tinha mais certeza se amava tanto assim o Renato. Que ele era carinhoso, gente boa, lindo, mas que aquela conexão com ele havia se perdido.

– Eu passei por esse perrengue no trabalho, estou mudando, acho que estou crescendo, e ele parece que não quer crescer. Eu fico com a impressão de que ele é um menino, prima. E o pior, às vezes eu acho que ele fica irritado quando as coisas dão certo. É como se ele torcesse para que tudo desse errado!

– Carla, posso ser sincera? O Renato tem um astral meio negativo, mesmo. Ele parece que não gosta de sucesso. Nem o dele mesmo. Lembra quando eu comprei um carro? Ele fez uma piada sem graça, disse que não ia durar um mês na minha mão.

Carla defendeu o namorado. Disse que ele era honesto, muito sincero, que gostava de ajudar as pessoas. No entanto, no fundo, nutria dúvidas cada vez maiores sobre seu futuro com ele. Como compartilhar as conquistas com alguém que desdenha as conquistas? Como ter filhos com alguém que, ao que parecia agora, pensava tão diferente dela?

A PRÓXIMA CONVERSA: *uma surpresa!*

Apesar da crise com Renato, no almoço semanal que tinha com os pais Carla estava radiante de felicidade. A mãe comentou que fazia tempo que não a via animada desse jeito, e Carla contou do sucesso da campanha e que as coisas começavam a dar certo para ela. O pai a olhou e deu um sorriso.

– Tá bom, pai! Você quer ouvir que tinha razão, não é? Tá bom. Obrigada, as conversas que você arrumou para mim me ajudaram muito. Principalmente o Augusto. Eu fui adotando algumas das atitudes que ele sugeriu, e a vida no trabalho foi melhorando. Hoje eu consigo enxergar que estava na mesma trajetória do primeiro emprego, de virar uma especialista solitária, rancorosa, e agora eu estou muito mais bem adaptada. Sinto que tem uma avenida para eu crescer na carreira!

– Que ótimo, minha filha. Eu sempre soube que você é ótima, só precisa de umas orientações para não desperdiçar o seu talento e a sua energia.

– E agora eu quero mais, pai. Você tem mais alguém para me indicar?

– Tenho, sim, Carlinha. Lembra-se do Rafa, o Rafael Bai?

Carla não acreditou no que ouviu. O Rafa?...

– O Rafa, amigo do meu irmão? Aquele maluco pra quem eu dei aula particular, que não se interessava por nada?

– Aquele mesmo – disse Ademir.

E explicou que Rafa tinha se tornado um empresário, e o procurara havia um ano para pedir conselhos. Os dois vinham mantendo contato desde então – e Rafa estava fazendo bastante sucesso com negócios no mundo digital.

– O Augusto ainda tem muita coisa para ensinar a você, mas o Rafa vê os negócios de uma maneira diferente. Acho que pode ajudá-la a ampliar seus horizontes. Esses novos empresários são diferentes dos da minha geração. E você vai se surpreender com ele, aquele garoto mimado virou um rapaz muito especial.

Carla não conseguia acreditar. E a Juliana também não ia acreditar, quando lhe contasse. O Rafa, aquele folgado, que era meio perseguido na escola por ter um jeito um pouco excêntrico, exagerado demais... E o pior, aquele metido. Nossa, como tinha sido difícil dar aulas particulares de português, química e matemática para ele!

No entanto, o pai tinha acertado tanto com as outras indicações de conversa... Será que esse Rafa tinha se transformado tanto assim?

O ENCONTRO COM O
"empresário digital"

Se Carla estava um pouco desconfortável com esse encontro com Rafa, o mesmo não era verdade para o rapaz, que a recebeu com muita naturalidade – e um sorriso aberto – em seu escritório, num bairro descolado da cidade.

– Oi, Carla! Há quanto tempo! Como você está? Seu pai me falou que você queria conhecer o nosso negócio. Bem-vinda!

Depois de uma conversa rápida sobre "os velhos tempos", pessoas conhecidas e generalidades, Carla contou que tinha tido problemas no trabalho, que seu pai recomendara conversas com especialistas que ela achava que a estavam ajudando a progredir, e que tinha ficado surpresa com a indicação dele para falar com Rafa.

– Nossa, que honra! Quer dizer que o seu Ademir acha que eu posso ensinar alguma coisa para alguém? Ainda mais para a filha dele! Vai ser um prazer ajudar, Carla. Talvez você não saiba, mas as suas aulas me ajudaram muito na época de escola. Elas me abriram os olhos para um jeito diferente de encarar o conhecimento. Tomara que eu consiga retribuir da mesma forma que você me ajudou.

– Poxa, Rafa, que bacana ouvir isso! – disse ela, já um pouco arrependida de quanto havia falado mal dele dentro da própria cabeça.

– Então vamos lá, deixa eu lhe contar minha evolução. Eu tenho até um título para o meu caminho: eu chamo de Ciclo de Riqueza

Crescente. Mas, para explicar o que significa esse troço, vou começar pelo oposto: o Caminho da Miséria.

– Uau, parece até título de palestra de autoajuda! – disse Carla.

– Eu acho que um título de impacto ajuda a cristalizar a mensagem. Eu uso para mim mesmo e para os meus sócios, mas serve pra qualquer um. Está preparada?

– Manda ver, Rafa – disse Carla, já mais descontraída.

– Imagine alguém que, em vez de procurar emprego quando termina a faculdade, decide abrir uma empresa. Em geral, essa pessoa começa pensando: "Eu vou mudar o mundo, vou ser dono do meu tempo e vou ganhar muito dinheiro".

"Um tempo depois, você reencontra essa pessoa e repara que ela está pensando apenas 'vou ganhar muito dinheiro'. Ou seja, já abriu mão do tempo e da missão. Já está vivendo um emprego de 24 horas, mas o patrão é ela própria. Virou escrava de si mesma.

"Passa mais algum tempo, você liga para essa pessoa e ela reclama que está trabalhando como um camelo, só para conseguir pagar as contas.

"Esse é o Caminho da Miséria. E é a rota mais comum para grande parte dos empresários. A maioria gasta quase todo o seu tempo trabalhando para pagar as contas – isso quando não quebra. Percebe? É uma escadinha descendente: ele passa de 'eu vou mudar o mundo, ser dono do meu tempo e ganhar muito dinheiro' para 'eu ainda vou ganhar muito dinheiro', e então para 'eu preciso pagar as contas'.

"Foi o que aconteceu com três colegas de faculdade, que montaram um restaurante antes mesmo de terminar o curso.

"Eles achavam que era só abrir as portas que ia ter uma fila de pessoas na porta para lotar o restaurante, já que tinham pensado em um cardápio genial. Nem seis meses depois, o discurso já tinha mudado. Eles só rezavam para que o dia terminasse logo, de tão cansados que estavam, e começaram a sacrificar a qualidade do que serviam, para reaproveitar a comida.

"Entraram no que eu chamo de Rota da Sobrevivência. Quando você está na Rota da Sobrevivência, começa a tomar atitudes que são fatais: economizar sem criar novos negócios, sem criar um sistema. Esse é um caminho que leva à falência. Foi o que aconteceu com o restaurante daqueles caras."

– E o que você fez de diferente? Não é só o fato de ter escolhido uma área mais fácil? Essa coisa de negócios digitais está bombando – interrompeu Carla.

– Escolher uma área em que a procura é maior que a oferta ajuda, é claro. Faz parte da equação. Mas não é só isso! Tem muito mais que temos de levar em conta.

Carla achou graça naquela expressão. Ela se lembrava de como o Rafa tinha dificuldades com equações, e agora tinha incorporado o termo ao discurso. Ele parecia ter mudado, mesmo.

Rafa continuou:

– Confesso que demorou um pouco até eu chegar a este negócio, que está indo muito bem, graças a Deus. Eu e meus dois sócios apostamos nesse nicho, de dar um novo significado para o negócio de pessoas e empresas utilizando estratégias de marketing digital.

"Acontece que, antes de eu trabalhar com isso, também vivenciei o Ciclo da Miséria. Não entendia sobre negócios nem tinha experiência em empreender. E o mais curioso é que tudo tinha começado muito bem. Pensei até que ia ganhar meu primeiro milhão rapidinho. No entanto, a alegria durou uns poucos meses. Logo a gente estava falido.

"Aí, perdido por perdido, decidi fazer um dos cursos mais avançados do Brasil, com um dos empresários que eu mais admirava. Foi lá que eu aprendi o Ciclo da Riqueza Progressiva, que me abriu a cabeça sobre o que é ser um empresário."

– E o que era esse curso? – perguntou Carla.

– Nesse curso eu vi o que estava fazendo de errado e como eu deveria pensar. Aprendi que tem dois jeitos de construir um negócio: o jeito da miséria e o jeito da riqueza progressiva.

– Um certo e um errado...

– Isso. O jeito errado, da miséria, é construir um negócio que não dá dinheiro. Pior ainda: que dependa de você para tudo e o torne um escravo dele.

Foi inevitável pensar em Renato, em como ele nunca conseguia deixar a pousada – e ao mesmo tempo a pousada não lhe rendia praticamente nada.

– Você já deve ter visto essa história muitas vezes: quantos dos seus amigos de faculdade que viraram empresários não têm um fim de semana livre nem conseguem tirar férias? E, pior do que isso, viram escravos de um negócio que nem dinheiro dá!

Parecia que Rafa estava falando do namorado de Carla!

– Primeiro acharam que ficariam ricos fazendo alguma coisa pioneira, mudando o mundo, com controle dos seus horários. Nem precisou passar muito tempo para desistirem de tudo para apenas ganhar dinheiro. E pior: apenas algum dinheiro, nem é muito!

– O Ciclo da Riqueza, obviamente, é montar a empresa, ter um monte de tempo livre e ganhar muito dinheiro – disse Carla, com um rasgo de ironia.

Rafa deu uma risada.

– É isso mesmo, mas o lance é como fazer isso do jeito certo. O que a faz entrar no Ciclo da Riqueza do negócio é criar sistemas, automatizar o funcionamento da empresa. Hoje, o modelo de negócio chega a ser mais importante que o próprio negócio. Você tem de arranjar um jeito de evitar que o seu produto pereça, estender o prazo de validade dele.

> HOJE **o modelo de negócio** CHEGA A SER MAIS *importante* QUE O PRÓPRIO NEGÓCIO

"Minha primeira empresa faliu exatamente por causa disso! A gente não tinha processos, fazia tudo por intuição e aprendia no meio do caminho. Chegou um momento em que não era mais possível fazer tudo de maneira intuitiva e – o pior – dependendo dos sócios, sem funcionários comprometidos com suas respectivas atribuições.

"Muitos dos 'funcionários' eram amigos nossos, alguns freelancers – e queríamos ser uma empresa nacional – ou até mesmo multinacional!

"Talvez este seja um jeito de começar um negócio, mas percebi que não é um jeito para consolidar um negócio. Falo por experiência própria e pela observação de diversos amigos que acabaram destruindo suas empresas."

– Empresário em dificuldade é o que a gente mais vê por aí – concordou Carla.

– A realidade é que é muito fácil entrar no Ciclo da Miséria. E, se você for uma pessoa ousada, é muito fácil começar um negócio dentro do Ciclo da Miséria achando que está no Ciclo da Riqueza.

"E eu acho que isso também acontece com a carreira das pessoas. A maioria das pessoas leva sua carreira de maneira intuitiva, sem um plano sólido sobre aonde deseja chegar e quais passos deve percorrer para chegar lá.

"Existe uma minoria de executivos e empresários de sucesso no mundo, pois existem poucos dispostos a aplicar o que chamo de Ciclo da Riqueza em suas vidas e empresas. Eu quebrei duas empresas porque estava cometendo dois grandes erros.

"O primeiro erro é que, mesmo tendo fundado uma empresa, na verdade eu não tinha uma empresa. Eu tinha era um emprego de 24 horas por dia.

"O segundo erro é que meus custos operacionais se tornaram insustentáveis, pois eu havia escolhido um modelo de negócios que era inadequado."

– Você quebrou duas empresas, Rafa?

– Foi. E agora acho que aprendi, talvez não quebre mais esta – comentou bem-humorado.

– O que você aprendeu?

Antes de começar, Rafa deu um sorriso maroto, como se estivesse saboreando a oportunidade de dar aula para sua ex-professora.

Carla reparou, e pensou em quanto ele tinha mudado, mas guardava, ainda, aquele ar moleque e divertido, sempre irreverente.

– Vamos lá. Sobre a questão **ter uma empresa e na verdade não ter uma empresa**. Posso dizer que hoje faço o que gosto, mas gastei um bom tempo pesquisando e entendendo como poderia transformar aquilo que eu gostava de fazer em algo de alto valor para o mercado e de fácil conversão em dinheiro. No entanto, isso não é o essencial e naquela época eu não entendia.

"O fundamental, Carla, é criar um negócio em que eu possa ajudar as pessoas a ganhar muito dinheiro e também ter tempo livre para curtir a minha vida e criar outros negócios."

Carla interrompeu:

– Quem não quer isso?

– É verdade. Por que tão poucos conseguem? Naquela época, meus custos operacionais se tornaram insustentáveis, pois **eu havia escolhido um modelo de negócios que só depois de muito tempo fui entender que era inadequado.**

"Eu tinha uma consultoria, e minha principal função era a comercial – junto com a função comercial eu também desempenhava atividades de gestão de projetos e me ocupava nisso, enquanto um dos sócios focava no desenvolvimento de sistemas.

"Contudo, percebi o seguinte: o sucesso do negócio dependia essencialmente do fator humano – de negociadores na busca de contratos novos e de especialistas para entregar aquilo com que nos comprometíamos em contrato.

"A equipe começou a crescer e consequentemente nossos custos aumentaram. E algo que eu não havia me dado conta foi o seguinte: todo mês eu precisava de novos contratos. Entregávamos sistemas a partir de projetos com começo, meio e fim. Alguns duravam dois meses, outros três, mas eles terminavam. Imagina, então, você ter uma equipe de 15 pessoas e não ter fluxo de caixa, pois todos os projetos terminaram e você não fechou novos projetos!

"Era ainda mais complicado: quanto mais minha empresa crescia, maior era minha dependência de especialistas. Neste ponto, quero dar um conselho pra você: faça o possível para diminuir ou eliminar a sua dependência de especialistas, de esforços humanos. Você não pode depender de um especialista que faça os produtos ou serviços um por um, porque o tempo e a capacidade de trabalho das pessoas são limitados e custam muito!

"Um detalhe: minhas ocupações eram tão diversas, que na verdade eu era mais um funcionário do que um sócio. E esse foi um grande erro."

O CICLO DA
riqueza crescente

– Foi no meio dessa crise, quando eu mal conseguia tempo para escovar os dentes, que eu procurei o seu pai – disse Rafa. – Você não tem ideia de quanto ele me ajudou...

– Meu pai? E como você entrou em contato com ele?

– Ué, eu guardei o telefone da sua casa, daquela época em que você me dava aulas. Eu sempre guardei o seu telefone como um tesouro – disse Rafa, sorrindo.

As bochechas de Carla ficaram vermelhas. Para não dar na vista, ela voltou ao assunto profissional:

– E o que o seu Ademir lhe ensinou?

– Basicamente, que ou você trabalha dentro do seu negócio, ou você trabalha o seu negócio.

– Ah, sei. Ouvi isso de um consultor que meu pai indicou. Quem trabalha demais acaba perdendo o senso estratégico do trabalho.

– É por aí. Ou você é um empregado da sua empresa, ou você é o estrategista do seu negócio, que sai para abrir contratos e trazer dinheiro para a empresa.

– E se você é uma empregada de multinacional, como eu...

– A mesma coisa vale para a sua carreira de executiva. Se você está ocupada demais em uma função operacional, não tem tempo para pensar em como fazer a empresa crescer como uma organização.

– É fácil entender isso. O duro é saber como fazer, com tantas obrigações que o cargo traz...

– Vamos pensar um pouco melhor essa ideia do Ciclo da Riqueza do negócio: Imagine que você tem um produto que é *premium*, é bom e bonito, com apresentação irretocável – e que resolva o problema de alguém. Assim você arranja o seu primeiro cliente. No

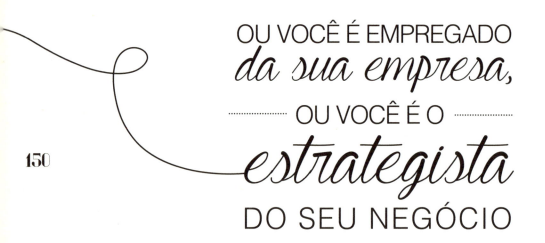

entanto, você não pode ficar só nele, acomodar-se nisso, senão se tornará um empregado disfarçado, alguém que está somente cumprindo uma função.

"É isso, aliás, que significa a palavra funcionário: alguém que cumpre uma função. Para evitar essa situação, você tem de, a partir desse produto, sistematizar a sua venda para focar naquilo que realmente importa para seu negócio ou sua carreira: crescer! Essa é a cabeça do novo modelo de negócios."

– Como?... – perguntou Carla, já sem nenhum traço de ironia. Era curioso, mas todas as conversas que tivera por recomendação do pai tinham sido com pessoas que ela considerava de outra dimensão, como mestres distantes. Aqui, com Rafa, ela se sentia muito mais "pé no chão", porque havia uma sensação forte de que, se ele podia, ela podia mais ainda. Ele era alguém como ela, até menos preparado em termos de estudo.

O que a princípio lhe causara extremo desconforto agora era um impulso para a frente. Ela conhecia o começo dele, tão ruim na escola que tinha precisado de aulas de reforço. Definitivamente, ele não era um gênio, embora pudesse estar fazendo coisas geniais.

Carla começava a perceber o que deveria ter sido óbvio: todos os mestres começaram como aprendizes, cheios de incertezas e inseguranças. Se com o primeiro sucesso na empresa Carla sentiu que tinha possibilidades de crescimento, agora ela percebia que essas possibilidades eram enormes, praticamente infinitas.

– O mais importante é pensar que a empresa não pode ser um emprego de 24 horas – continuou Rafa. – Assim como o seu departamento, o seu trabalho, não pode ser um emprego de 24 horas.

"Os empresários prisioneiros do Ciclo da Pobreza antes eram empregados do dono de uma empresa... Hoje eles são empregados de si mesmos. Contudo, antes o emprego era de oito horas por dia e agora é 24 horas por dia, sete dias por semana. Quem não aprende a administrar um negócio acaba trabalhando 24 horas por dia."

– Acho que é normal a empresa virar uma espécie de filho – disse Carla.

– Isso está caindo em desuso – respondeu Rafa. – Fiz um curso no Vale do Silício, nos Estados Unidos, e ficou bem claro para mim. Quando um professor perguntou para os empreendedores por que eles queriam montar uma empresa, um sujeito de uns 40 anos falou que queria deixar um legado para os filhos. Uma mulher da mesma faixa etária disse que queria melhorar o mundo. Aí um rapaz que estava ao meu lado, que devia ter uns 21 anos, falou: "Eu quero montar uma empresa para daqui a cinco anos vendê-la por dois milhões de dólares". Vários colegas riram, mas o professor falou: "É uma estratégia interessante".

"Isso virou uma noção bem disseminada. Quando um empresário consciente analisa um plano de negócios, em geral quer ver qual é o plano de saída do fundador. Quer dizer, uma empresa tem a fase do nascimento, a fase do crescimento e, depois, a fase do desligamento. Ela tem de estar funcionando a contento, a ponto de dispensar o empresário que a criou, ser maior do que ele.

"Se você parar para pensar, isso vale em qualquer nível. Se você dá jeito num departamento, quer que ele ande sozinho, sem a sua supervisão. Senão, você vai ficar presa a ele para sempre. É igual a filho. Você quer criar um filho para que ele viva a vida dele, sem precisar de você."

– E o que você entende de filho, Rafa? – brincou Carla.

– Nada – respondeu o rapaz, rindo. – Por enquanto, mas, quando tiver, vou fazer de tudo para eles serem projetos de sucesso, e viverem o Ciclo da Riqueza Progressiva. Que sejam pessoas do bem, eficientes, bacanas – e ricas, em todos os sentidos.

Esse menino era realmente especial, como disse o pai, pensou Carla. Era impressionante como em apenas um par de horas a opinião que ela tinha sobre ele (ou sobre o garoto que ela conhecera anos antes) tinha mudado tanto, passando do menosprezo para a admiração.

– Não sei se você já ouviu, mas existe uma frase que fala sobre o "amor do criador pelas suas crias". No caso de um negócio, esse amor deve existir para conceber novas ideias que serão implementadas em grandes projetos. O desapego, porém, é essencial para que a fase de desligamento ocorra, de forma que a empresa possa receber investimentos externos, ser gerenciada por um executivo e crescer.

"É muito comum ver isso acontecer em *startups*, ou seja, empresas concebidas a partir de ideias inovadoras que ainda estão testando seus modelos de negócio. Geralmente os fundadores de *startups* são apaixonados por suas '*crias*', trabalham 32 horas por dia se puderem...

"E aí, na virada do milênio, nos Estados Unidos, começou uma onda de chamar gente de cabelos brancos para ajudar na organização das *startups*. Eles descobriram que é ultraimportante ter mentores acompanhando o crescimento tanto dos sócios quanto da empresa, para ajudar a superar o ciclo da miséria e implementar o Ciclo da Riqueza.

"E isso não vale só nos Estados Unidos. Os grandes fundos aqui no Brasil também avaliam as empresas do mesmo jeito, querendo saber da estratégia de saída.

"Essa lógica tem de ser reproduzida dentro da empresa. O seu departamento tem de ter a missão de crescer, dar um lucro enorme e não depender mais de você. Aí você fica livre.

"Muitos empreendedores de organizações querem ser imprescindíveis em determinada função – e isso é o maior erro de alguém que deseja crescer! Se você for imprescindível, o melhor naquela função, é muito arriscado para seus superiores o tirarem dali. O pensamento é o seguinte: "Quanto tempo vou levar para encontrar outro João?"; "Vale a pena arriscar ver o desempenho de minha equipe cair para promover o João a líder?".

"Para você crescer de forma mais rápida, não deve ser o melhor especialista, mas o maior reprodutor de conhecimento e treinamento de novos especialistas!

"A dependência de você como especialista diminui quando você consegue capacitar novas pessoas para assumir aquilo que conhece sem impactar sua área. Isso significa que, nesse caso, aumenta a dependência da empresa com você, mas numa função de liderança, sobretudo quando as pessoas o veem como líder."

Enquanto Rafa falava, Carla já pensava em duas pessoas de sua equipe que tinham disposição e vivacidade, e decidia que investiria nelas para crescer.

– Hoje as empresas têm mudado seu estilo de liderança – continuou Rafa. Ninguém se impõe líder, mas, sim, é reconhecido como tal. Hoje, o grande desafio das empresas é ter a liderança sem a presença dos líderes.

– Agora você exagerou, Rafa. Como se pode ter liderança sem líder?

– Cada vez que precisa de um líder presente, cada vez que tem de se afirmar como líder, você atrasa os processos de decisão e a realização dos projetos. Se quiser estar presente em todos os momentos de decisão da sua equipe vai tornar o trabalho deles mais lento e menos produtivo.

"Para você ser um verdadeiro líder precisa criar uma equipe de pessoas competentes, organizar o projeto com elas e se colocar à disposição para orientá-las quando tiverem necessidade. E então deixá-las seguir em frente, enquanto você vai tratar de outros assuntos importantes para a empresa.

"Você tem de entender esse processo se quiser ser mais produtiva e quiser criar o sucesso da sua empresa. Você vai ter mais sucesso, trabalhar menos e principalmente ganhar mais dinheiro."

– Opa! Essa parte me interessa! Como eu faço para ganhar mais? Estou precisando...

– Carla, dinheiro é a métrica. É uma amostra de que você está fazendo as coisas direito. Tem outras, também, mas em geral elas vêm acompanhadas de dinheiro – afinal, estamos falando de negócios. Um cantor de sucesso pode ter uma legião de fãs e isso talvez defina o sucesso dele melhor do que a conta bancária. Contudo, ao ter uma legião de fãs, ele provavelmente lota shows, vende muitas canções... E acaba ganhando muito dinheiro.

"Nós precisamos entender muito de números se quisermos ter sucesso. Mais ainda, precisamos saber trabalhar com os números. O trabalho que vale a pena é aquele que melhora os números, especialmente os de lucros.

"Na verdade, o dinheiro é uma concretização da quantidade de valor que você está gerando para as pessoas e para as empresas. Se você hoje não ganha dinheiro, é porque as pessoas não estão atribuindo o devido valor a você, a seus produtos ou serviços!

"O sucesso de um negócio hoje vai ao encontro disso! Olhe ao seu redor, me diz: quais empresas mais crescem dia após dia? São as empresas que ajudam as pessoas a resolverem os seus problemas!

"Pessoas precisam de alimento, pessoas precisam de infraestrutura, saúde, bem-estar e, como é fácil comprovar, esses são os setores que mais crescem na economia – mesmo em períodos de crise, as pessoas sempre vão precisar suprir suas necessidades básicas.

"Pergunte-se: Quais são as necessidades básicas do setor em que você trabalha? De sua empresa? De sua carreira?

"Foque naquilo que realmente importa, Carla! Aprendi isso de um guru do marketing e vejo como hoje essa ideia impulsiona meu negócio.

"As pessoas podem ter níveis diferentes de sucesso. Isso é natural. Mas, sabe o que separa umas da outras? Quanto a pessoa entendeu e focou naquilo que realmente importa!

"Existe uma regra, a regra de Pareto, que diz que 20% de seus esforços geram 80% dos seus resultados. Quer fazer um exercício?" – perguntou Rafa.

– É a sua vingança? Agora você é que me dá exercícios? – brincou Carla. – Vamos lá!

– De tudo o que você já fez para se recolocar no mercado, se encontrar em sua carreira profissional e ter sucesso naquilo a que se propôs, quero que liste as dez coisas que tem feito que acredita serem fundamentais para seu crescimento...

– Beleza! Deixa eu pensar...

Enquanto Carla escrevia, Rafa a observava. Ele sempre tivera uma queda pela professora particular, porém ela agora estava ainda mais bonita. Virou um mulherão, cheia de presença, e ao mesmo tempo com uma doçura no jeito de falar...

– Terminei! – disse Carla.

– Então agora olhe atentamente para esses dez pontos e perceba o seguinte: muito provavelmente dois ou três deles são os maiores responsáveis pelos maiores saltos em sua vida. Se você continuar focando neles, existe uma grande chance de continuar crescendo!

"O mesmo serve para seus dez principais pontos fracos, deslizes ou erros: provavelmente de dez, apenas duas características são as grandes responsáveis por boicotar aquilo que você tanto deseja alcançar! E arrisco dizer duas coisas: uma delas deve ser a procrastinação, ou a preguiça, e a outra é a falta de autoestima!

– Como assim? Não acredito! Como você sabe? – espantou-se Carla.

– Pois é, não é vidência, um estudo mostra que dois terços das pessoas têm esses dois sabotadores de sucesso: procrastinação e falta de autoestima. Um resulta da falta de energia para fazer as coisas, o outro é da crença de que não é possível realizar o que se pretende.

DOIS TERÇOS DAS PESSOAS TEM ESSES DOIS *SABOTADORES* DO SUCESSO

procrastinação &

falta de autoestima

– Mas dá pra mudar, não dá? Eu mesma já senti que mudei pra caramba nos últimos três meses.

– Claro que dá! Eu também mudei. Ou você não se lembra de como eu era?

– Claro que eu lembro – respondeu Carla. – Você era uma peste! Os dois riram.

– Pois é. Uma das coisas que fiz para mudar de vida foi começar a estudar – e você me inspirou à beça nessa parte – e investir a fundo em meu desenvolvimento pessoal, principalmente autoconhecimento. Encontrar meus sabotadores, e também meus pontos fortes, que eu deveria fortalecer para atingir o nível de maestria.

"Foi por causa desse desenvolvimento que eu comecei a trabalhar com negócios digitais. Não foi por acaso!

"Hoje eu e meus sócios temos uma empresa autogerenciável que gera anualmente alguns milhões de reais, criando produtos digitais de alto valor agregado – nesses nichos que lhe falei, resolvendo problemas relacionados às necessidades básicas das pessoas.

"Também apoio empresas a alcançarem maior sucesso em suas campanhas publicitárias e estratégias de marketing, focando naquilo que interessa para o público. Aprendi a fundo sobre esse assunto e sobre investimento em gestão e liderança.

"Como eu disse, dinheiro é a concretização do bem que você faz no mundo. Porque você consegue mesmo medir o sucesso de um produto ou serviço, ou até mesmo o de uma celebridade, a partir da quantidade de fãs ou da reputação que essa pessoa, empresa ou produto possui no mercado.

"Se a empresa tem fãs, gente que confia nela e paga a ela por um produto ou um serviço, é sinal de que ela está fazendo alguma coisa boa para essas pessoas. E, ao mesmo tempo, ganhando dinheiro.

"Acredite ou não, hoje eu foco meu trabalho principalmente em melhorar a reputação dessas pessoas e produtos, criando fãs para eles, pois assim naturalmente teremos dinheiro."

– Hmmm! Você deve estar criando muitas fãs, mesmo, Rafa! – cutucou Carla. – Bonitão, jovem, com grana...

– Não posso me queixar, Carla – disse Rafa, rindo. – Não posso me queixar mesmo.

Os dois fizeram uma pausa. Rafa ofereceu e preparou um suco para Carla, com vegetais, cenoura e laranja. Quando retomaram a conversa, ele disse:

– Imagine você ter fãs na empresa em que trabalha, seja sua ou não. Imagine as pessoas adorando você e a forma como faz a gestão de seus projetos. Imagine as pessoas que realmente importam – em especial seus chefes e superiores – entusiasmados com seu trabalho, reconhecendo suas habilidades, não apenas como um especialista, mas muito além... É disso que estou falando.

"A lei de eficácia de Pareto pode parecer exagerada nas relações sociais, mas você também precisa entender quem são os 20% de pessoas capazes de lhe trazer 80% dos resultados que você sempre sonhou.

"Jim Rohn, um consultor norte-americano, disse que nós somos 'a média' das cinco pessoas com quem convivemos mais de perto. Então também é importante se cercar de gente que cresce. Pessoas que não têm sucesso e não fazem nada para ter a puxam para baixo."

É claro que Carla pensou em Renato. Era a primeira vez que pensava nele naquela tarde, e não era de maneira positiva.

– Você tem um método para tudo, Rafa? – Carla comentou.

– Tudo deriva do Ciclo da Riqueza Progressiva – disse ele.

– Para mim, ele é composto de quatro passos fáceis de lembrar:

"E sabe por que é importante você ter esses quatro passos? Para não depender de improvisação na vida, nos negócios e na carreira."

– Como assim? – perguntou Carla.

– Lembra-se daquilo que lhe contei sobre intuição? De verdade, o sucesso não vem apenas a partir da intuição e da improvisação. Li um livro uma vez que diz que sua intuição é, na realidade, um lapso de pensamento que em frações de segundo calcula todas as suas experiências, estudos e vivências para gerar uma impressão inicial. Isso explica por que muitas vezes sua intuição está certa, mas, se você é uma executiva, ou uma empresária, não pode depender só dela.

"O método a ajuda a raciocinar de maneira estruturada, muitas vezes a partir de estudos e boas práticas que mostraram sua eficácia para gerar maiores chances de sucesso.

"Imagine só um McDonalds sem método, processo, sistema! Seria possível fazer um lanche em apenas três minutos?

"Então, quando falamos sobre sistematizar, significa criar um sistema para que você não tenha de ficar presa ao dia a dia. Tudo o que você faz um a um vai limitar o seu sucesso. Porque o seu tempo é limitado. Todas as atividades que precisam da sua presença para que aconteçam vão ser limitadas, pelo fato óbvio de que você é uma só.

"Se você faz sapatos, um por vez, e só você sabe fazer, não tem como crescer muito. E, quanto mais sucesso, mais estresse terá. Daí a importância de um sistema. O sistema alavanca a sua competência.

"Hoje, para você ter ideia, eu tenho *templates* – ou seja, documentos modelo – para cada coisa que faço para meus clientes. *Templates* para criação de produtos, estratégia de marketing, plano de negócios etc., pois isso torna desnecessário criar tudo do zero novamente.

"Cada pessoa de minha empresa possui à mão a descrição de sua função e do seu trabalho. E, muito mais que isso, possui também seu papel dentro do fluxo de processos da empresa.

"O fluxo da empresa hoje roda independentemente de minha presença diária. Eu participo principalmente de reuniões estratégicas e quando precisamos aprovar projetos novos ou orçamento para novas contratações, campanhas ou semelhantes. Isso está diretamente relacionado com a segunda etapa deste método, que é delegar."

– O duro é saber para quem você pode delegar sem perda de qualidade – opinou Carla.

– Você pode delegar para uma pessoa que você treinou, mas o melhor mesmo é delegar para uma máquina, ou software.

"Pode ser um sistema de e-mails que fala com seus clientes, oferecendo seus serviços de acordo com o que eles buscam no Google, levando em conta tudo o que já compraram de você antes.

"Pode ser uma equipe ótima que continua vendendo mesmo quando você está do outro lado do mundo.

"Se não for possível delegar para uma máquina nem para outra pessoa, delegue para você mesma."

– Ah, isso é o que eu mais faço – disse Carla.

– Mas tem de fazer da maneira certa. Você vai fazer a tarefa, mas com plena consciência de que aquilo não é o negócio, aquilo é uma tarefa. Se você se encantar demais com a tarefa, ela aprisiona você. E, aí, adeus Ciclo da Riqueza Crescente.

"Vou lhe dar outro exemplo do que acontece em minha empresa: hoje trabalhamos fazendo algo que chamamos e-mail marketing em campanhas para nossos clientes, com o intuito de aumentar o engajamento do público-alvo de determinado produto, serviço ou pessoa.

"Muitas campanhas possuem sequências de, por exemplo, três meses de e-mails, e fazem o tratamento de cada comportamento do potencial cliente. Quer dizer, sabemos quando a pessoa abre o e-mail, clica em algum link interno, não abre nossos e-mails – praticamente todo comportamento possível. E para cada comportamento existe uma ação nova que dispara determinado tipo de e-mail.

"Muitas vezes existe uma centena de e-mails programados – agora imagine se precisássemos disparar cada um desses e-mails manualmente, alguém olhando dia após dia quantas pessoas estão clicando, abrindo para, naquele momento, enviar o e-mail certo. Inviável, certo?

"Então, nesse caso, delegamos a entrada de e-mails para um sistema de e-mail marketing – e, o mais importante, como esse sistema tem a capacidade de decidir o que fazer com base no comportamento do usuário, estamos tratando também do terceiro eixo desse método, que é automatizar! Ou seja, transformar aquela atividade em um conjunto de regras que funcionam praticamente sozinhas.

"Essa automação permite que, ao apertar um botão, os suprimentos comecem a chegar, a linha de produção funcione no ritmo necessário para fazer a entrega, os pedidos sejam despachados na data prometida. Nessa hora, é importante você checar se está tudo funcionando direito, verificar se o cliente está satisfeito, senão vira uma armadilha.

"No momento em que você tem o processo automatizado, vem o quarto passo: monetizar."

– Finalmente é hora de ganhar dinheiro! – brincou Carla.

– A primeira regra para monetizar o seu produto ou serviço é justamente esta: entender que você precisa ganhar dinheiro com ele. É essencial ter prazer em ajudar os outros, mas é igualmente fundamental entender que, se esta é a sua profissão, você tem que ser bem remunerada.

"Ofereça muito e aproveite o automatismo para sempre ampliar a escala de vendas. Precifique e tenha diversas ofertas e bônus para oferecer aos seus clientes de acordo com a negociação e os produtos e serviços que ela envolve. Parece absurdo, mas a maior parte das pessoas cria sites, cria negócios e não pensa que aquilo precisa fazer dinheiro."

Carla ficou pensativa por alguns momentos. Depois suspirou, como que tomando coragem para falar:

– Rafa, na boa, esse seu método é bem interessante, mas eu preciso assumir que o tempo todo enquanto você está falando eu só consigo pensar que você deu uma baita sorte...

– Eu sei, Carla.

Os dois riram. No entanto, depois Rafa continuou:

– E todo mundo me fala isso em algum momento. Mas sabe o que eu descobri? Que sorte é que nem dinheiro, Carla, você tem de produzir.

– Como assim, Rafa?

– Porque as coisas não acontecem quando nós queremos.

"Porque querer não é o suficiente. Querer não é poder. Fazer é poder. E não é só fazer, é fazer com intensidade, tendo sempre a dimensão de alguma coisa.

"Tem uma frase que aprendi quando estive no Google, que diz o seguinte: 'Peça desculpas, mas não peça permissão'. Isso diz respeito à expectativa do Google e de diversas outras *startups* do Vale do Silício sobre a ação e a criatividade de seus colaboradores, sócios e parceiros. Você não precisa ter medo de errar... Não sei se você já viu um comercial famoso do Michael Jordan, falando sobre quantas vezes ele falhou, quantas vezes errou. É por isso que ele é o Michael Jordan. Errou mais do que todos os jogadores de basquete, mas errou se capacitando, arriscando, por isso se tornou o maior de todos.

"Cada erro, cada decisão, cada acerto, gera em você memórias, experiências, que são constantemente usadas em milésimos de segundo, aperfeiçoando a sua intuição.

"Para você ter ideia, cada um de nós toma, em média, 1000 a 1200 decisões diariamente – mas nem tomamos consciência de muitas delas. A forma como você lida com seu dia a dia, e a forma como recebe experiências diz respeito à forma como você treina seu cérebro para tomar decisões.

"Um empresário de sucesso entende isso, e, se você quer sucesso em sua carreira, deve começar a levar em consideração o que estamos conversando – mas principalmente o centro de todo esse processo, do método que estou lhe passando, ou seja, você.

"Você é a verdadeira chave disso tudo, e, se não tiver foco, disciplina e investir em seu desenvolvimento – e principalmente na mudança de antigos hábitos, dando espaço para o novo –, não vai ter o resultado que espera. Eu acredito no ditado que diz que 'insanidade é fazer a mesma coisa, do mesmo jeito, e esperar um resultado diferente'.

"O importante não é, por exemplo, estudar muito por um dia, mas, sim, estudar muito todos os dias. Aí, sim, você tem um ganho incremental, que gera o lucro incremental. Essa é a lógica dos juros compostos, os juros sobre juros.

A GENTE SÓ DEVE APROVEITAR
AS OPORTUNIDADES
QUE ESTÃO ALINHADAS COM
o nosso objetivo.

"Além dessa disciplina e dessa intensidade, a gente ainda precisa estar em sintonia com o ritmo das oportunidades. Não para aproveitar todas as oportunidades, acho uma bobagem essa história de que a gente tem de aproveitar todas as oportunidades. A gente só deve aproveitar as oportunidades que estão alinhadas com o nosso objetivo. As outras, a gente tem de ser forte o suficiente para deixar passar. Fechar os olhos com força para elas.

"Conheço muita gente talentosa que se perde não porque não tem oportunidade, mas porque tem oportunidades demais, não investe toda a energia em nada para ver dar resultado. Aí fica sem saber direito o que escolher, e não põe a energia necessária nas suas iniciativas.

"Então, se você me diz que eu tenho sorte, eu digo que sim, concordo. Mas, na minha opinião, a sorte está aí, para a gente colher a partir do que já plantou.

"Tem um cara de que eu gosto muito, que é o Warren Buffett, gênio do mercado financeiro, o terceiro homem mais rico do mundo hoje em dia. Uma das frases que ele costuma citar é: 'Se alguém está sentado à sombra hoje, é porque plantou uma árvore muito tempo atrás'. Eu acredito nisso. Aliás, sendo bem sincero, prefiro acreditar nisso a simplesmente pensar que as coisas acontecem por acaso, caem do céu – tipo aquela sorte de loteria.

"Na minha experiência, o que funciona é agarrar uma oportunidade, brilhar e depois fazer o ciclo da riqueza: sistematizar, delegar, automatizar, monetizar. E então partir para outra oportunidade."

– E quando você abraça uma oportunidade e ela dá errado?

– Parte para outra – disse Rafa. Pior do que algo dar errado é ficar com medo de tentar depois disso. Eu tenho convicção de que o sucesso começa sempre com um salto do coração, com uma entrega, com a gente se colocando num lugar novo, onde as coisas que a gente deseja podem acontecer.

– Nossa, agora você está muito místico. Está parecendo um guru espiritual! – Carla brincou.

– Mas o que eu mais mudei na minha vida foi justamente a minha disposição, sei lá, espiritual mesmo... Você lembra bem como eu era. O que provocava aquilo é que, no fundo, eu achava que o mundo me devia alguma coisa. Tomei tanta pancada da vida que acabei entendendo que ninguém me devia nada. E essa mudança operou o milagre. Aos poucos, passei a achar que o universo é perfeito e as oportunidades são abundantes, e que basta você ter as crenças certas – e os hábitos e atitudes correspondentes alinhados – para estar onde essas oportunidades se apresentam, para reconhecê-las e para colocar o foco correto para aproveitá-las.

EU TENHO CONVICÇÃO DE QUE *o sucesso começa* SEMPRE COM UM SALTO DO CORAÇÃO, *COM UMA ENTREGA,* COM A GENTE SE COLOCANDO NUM *lugar novo,* ONDE AS COISAS QUE A GENTE DESEJA *podem acontecer*

Os dois ainda conversaram mais algum tempo sobre amenidades. E Carla saiu, com ânimo renovado. Quando chegou ao encontro, pensava que encontraria muita arrogância por parte de Rafa, que ele exibiria seus grandes feitos e contaria vantagens, mas se viu acolhida, relaxada e ajudada. Pensou um pouco sobre como seu pai a ajudara, guiando sua evolução pela indicação das conversas: primeiro, para adotar uma postura de trabalho, em vez de sentir-se injustiçada; depois, para a importância de treinar a mente, controlar-se e entrar em estado de alta performance, para conseguir cumprir suas metas; em seguida, toda a questão do relacionamento, da visão empresarial que Augusto lhe passara. Tudo isso a colocara no caminho do primeiro gostinho de sucesso na carreira. E agora, o recado de Rafa (ou seria do pai?) parecia ser: seu horizonte é maior, dê passos mais ousados, crie e se desapegue, para poder criar mais.

Não dava para garantir que conseguiria avançar tão rapidamente. Mas sentia que estava revigorada. Sabia que sua carreira, seu sucesso – sua vida – estava em suas próprias mãos.

O JANTAR QUE *não aconteceu*

Apesar de sua relação com o namorado estar estremecida, Carla sentiu uma vontade enorme de compartilhar com ele esse momento de otimismo. Logo à tarde, telefonou para Renato, para falar da reunião com Rafa. A resposta não foi boa. Renato ficou enciumado por ela estar tão animada após conversar com outro homem. E falou:

– Carla, eu sei que você está empolgada com esse seu momento no trabalho, e aí acha que pode tudo, que tudo vai dar certo. Só toma cuidado porque empresa, você sabe como é, tem uma politicagem danada, uma hora você está em cima, outra hora pode estar por baixo.

– Nossa, Renato, parece que você está me agourando!

– Só estou dizendo para você ficar preparada, Carla. Manter os pés no chão. Essa animação toda...

– Essa animação é que me faz trabalhar melhor – interrompeu Carla. – Aliás, um pouco de animação não ia fazer mal a você.

Em breve já estavam brigando de novo. A conversa acabou quando Carla sugeriu que Renato conversasse com seu pai ou com o Augusto, sobre a pousada, e ele respondeu:

– Eu estou cansado de você querer mudar o meu jeito. Eu não sou seu empregado. Tudo o que eu faço está errado... fica lá com o seu papai e não me enche o saco!

E desligou.

Os dois ficaram vários dias sem se falar, até que Carla telefonou e marcou um jantar para conversarem sobre o relacionamento. Na verdade, ambos sabiam que aquela conversa selaria o fim do namoro. E ambos sofriam, porque quando chega a hora da verdade, das decisões difíceis, as lembranças dos momentos de carinho tendem a tomar conta de nossa mente e fica difícil terminar a relação.

Quando ela entrou no restaurante, ele já estava sentado no bar. Seu olhar parecia distante quando a beijou no rosto e disse:

– Acho que hoje não vamos jantar... Não é verdade?

Carla concordou com a cabeça e se sentou na banqueta ao lado da dele. Ficou claro que nenhum dos dois via como continuar o relacionamento – mas não era nada fácil terminar.

Foi Renato quem tomou as rédeas da conversa, dizendo que gostava muito de Carla, continuava sentindo muito carinho e atração física por ela, mas eles estavam em momentos muito diferentes de vida. Carla ficou aliviada por ele dizer exatamente o que ela pensava. Ao final, a conversa foi até melhor do que esperavam. Riram ao relembrar episódios por que passaram juntos, ficaram de mãos dadas durante um bom tempo... e, na hora de se despedir, deram-se um último beijo.

Carla então se levantou, disse um "se cuida" e saiu. Chegou ao carro já chorando, e continuou chorando em casa. Já sentia saudade de Renato. Contudo, não tinha arrependimento. Sabia que, embora gostasse muito dele, tinha de gostar mais de si mesma. E esse namoro não estava fazendo bem para ela.

Nos meses seguintes, Carla foi, aos poucos, colocando em prática as sugestões de Rafa. E os resultados foram surgindo. Passou a aplicar o Ciclo da Riqueza Progressiva. Todos os projetos eram sistematizados, delegados, ela então acompanhava se a automação estava funcionando e via o resultado financeiro.

Com essa prática, foi sobrando tempo para analisar o negócio. Em vez de olhar cada projeto, via os desafios de todos na empresa e a sua participação parecia um toque de Midas: tudo virava ouro.

O mais interessante é que agora sobrava tempo para escutar os seus chefes e colegas, analisar os seus projetos e dificuldades e propor soluções. Ficou bem clara a ideia de não trabalhar tanto na empresa, mas trabalhar a empresa.

Logo foi promovida e resolveu comprar um apartamento. Cuidou do financiamento e o decorou como sempre sonhou.

No entanto, o seu sucesso profissional não calava seu coração. Para ela, sucesso sem amor era um fracasso pela metade.

Carla muitas vezes pensou em procurar Renato, mas a lembrança de sua comunicação distante e agressiva mostrava que voltar não era uma opção sensata. Carla não "sentia firmeza" nele. Ele não estava ali, nem para ela nem para a própria vida, para o próprio negócio. E ela só serviria para ele se aceitasse se anular, ser "meia mulher", uma vítima que ele pudesse acolher. Renato não admitiria uma mulher que brilhasse mais do que ele.

Viu nele todos os sonhos de garota jovem que tinha: um cara divertido, bonito, que as amigas achavam o máximo, um companheiro de jantares e de dias no sofá, o rei das tiradas que a deixavam louca... Contudo, percebeu também que ela já não era mais aquela garota, e queria ter a seu lado um parceiro de verdade, não apenas alguém com uma participação especial, dando palpites, ou pior: inconscientemente torcendo para que as coisas dessem errado para ela.

A cada crise de saudade, Carla reforçava mais sua convicção de que Renato não era o homem da vida dela. Ao final de sete meses, sentia carinho por tudo o que havia passado com ele, lembrava-se daqueles olhos que ela ainda achava lindos, mas sentia-se cada vez mais segura de ter tomado a decisão correta: seguir em frente.

Uma questão, porém, a atazanava: "Será que é preciso optar por apenas uma coisa: o amor ou o sucesso?". Sabia que isso não era verdade, mas sua história com Renato teimava em lhe mostrar que não se podia ter as duas coisas. Só se acalmou quando encontrou um livro com um discurso que tinha ouvido há muito tempo de um grande mestre. Foi relendo o trecho que ela havia grifado há alguns anos que a fez meditar sobre cada palavra que estava ali:

Às vezes nós mudamos e quem deveria caminhar ao nosso lado fica para trás. É parte da vida, é parte da evolução que temos como seres humanos.

Você busca o sucesso profissional e na vida pessoal. E isso é possível.

Então, quando você cresce profissionalmente, ou mesmo pessoalmente, e um relacionamento quebra, é porque o relacionamento já não estava legal mesmo antes de você crescer. É porque não era para ser.

Por isso, quando você cresce e a distância entre você e a pessoa aumenta, a separação é algo natural, quase inevitável.

Quando o amor é para ser, a pessoa que está ao seu lado aproveita o seu exemplo de crescimento e se anima a crescer junto.

QUANDO O AMOR É PARA SER
A PESSOA QUE ESTÁ AO SEU LADO
APROVEITA O SEU EXEMPLO
de crescimento
E SE ANIMA
a crescer junto.

Era isso. As feridas do fim do namoro demoraram para cicatrizar, mas Carla sentia que estava pronta agora para procurar alguém que a ajudasse a crescer e ficasse feliz por vê-la florescer.

E as conversas
CONTINUARAM...

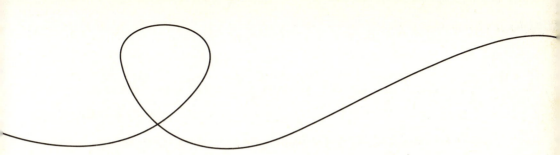

Durante aqueles meses, Carla se encontrara mais algumas vezes com Afonso, o *headhunter*, avaliando seu comportamento e aprimorando suas competências.

Carla também se encontrava regularmente com Augusto, que virou uma espécie de tutor de sua carreira. E com Rafa, que lhe dava dicas, ouvia suas histórias com interesse, a fazia rir... sim, já haviam trocado alguns beijos, nada sério, ela ainda não estava pronta. O que ela mais gostava era de conversar com ele. Sentia-se tão à vontade que em pouco tempo não era mais só ele que a orientava – ela também tinha o que dizer sobre seu negócio. E sobre várias coisas. Rafa tornou-se seu melhor amigo.

DUAS PROMOÇÕES numa noite só

Quando Carla completou um ano de empresa, não lembrava nem de longe aquela profissional insegura, que se sentia injustiçada. E recebeu um presente inesperado: seu chefe a chamou em sua sala para comunicar que estava sendo transferido para outro departamento, de mais responsabilidade. Sua promoção, disse ele, tinha muito a ver com o trabalho de Carla, que se tornara seu braço direito. Ela lhe dera tantas ideias e realizara tantos projetos, que ele brilhou na empresa. Por isso, tinha certeza de que ela estava mais do que pronta para assumir seu lugar.

Naquele início de noite, ao sair da empresa, Carla queria comemorar. Chegou a pensar em telefonar para Renato, dizer-lhe que, ao contrário do que ele previu, sua trajetória estava apontando cada vez mais para cima, checar se ele havia mudado de postura... Mas foi um pensamento que logo se esvaiu. Quando deu por si, estava com o telefone na mão, mas apertou o número de Rafa.

Quando ouviu a notícia, Rafa soltou um berro que a assustou.

– Uau!!! É a melhor notícia do mundo! Precisamos comemorar!

Duas horas depois, estavam ambos jantando num restaurante chique. Do jantar, foram a uma danceteria e lá, por volta da meia-noite, finalmente deixaram de ser amigos. Promoveram-se a namorados.

O CONSULTÓRIO
vira uma empresa

Carla não foi a única para quem a vida profissional melhorou. Nos constantes encontros que teve com Juliana, finalmente a convenceu a investir em seu consultório como se fosse uma empresa. Ela agora tinha uma assistente de primeira linha, que não só a ajudava a marcar consultas como gerenciava o retorno para os clientes, mandava recados quando chegava a hora de fazer revisão, evitava filas de espera. Fez até um *mailing* para mandar notícias de tratamentos que tinham a ver com o caso de cada cliente.

– Isso é só o começo – disse Carla. Ainda quero ver a senhora com um baita consultório, cheio de especialistas em tudo o que se refere à boca, e você só atendendo os casos mais importantes, com assistentes e tudo...

– Eu estou conversando com duas colegas da pós-graduação, Carlinha, a gente está querendo montar uma sociedade justamente porque o trabalho de uma complementa o da outra.

A PROPOSTA
de Ademir

Nos sete anos seguintes, Carla construiu outra trajetória para sua carreira. Mudou de empresa, foi promovida, mudou de área, foi promovida de novo, liderou equipes, foi responsável por projetos que a tornaram uma referência em sua profissão.

Até que, em um dos almoços que regularmente tinha com o pai, Ademir lhe fez uma proposta:

– Filha, você está fazendo uma carreira brilhante, sinto muito orgulho de você. E eu acho que chegou o momento de lhe chamar para o nosso grupo de empresas. Eu gostaria muito que você assumisse uma posição de vice-presidente. Você sabe, em algum momento eu vou ter de deixar a atividade, talvez passar para o conselho de administração do grupo, e gostaria de iniciar um processo de transição para que você tome o meu lugar. O que você me diz?

A sucessão no tão sonhado negócio da família! Aquilo que, anos atrás, ela chorou e esperneou para conseguir, agora estava se concretizando. Ela ouviu o pai com carinho e esperou que ele terminasse de fazer sua proposta.

Então perguntou a ele por que somente agora, que ela estava feliz no seu trabalho, ele resolveu fazer aquele convite.

Ademir respondeu, com um sorriso:

– Combinei com sua mãe que eu só convidaria nossos filhos para trabalhar no grupo depois que eles tivessem provado sua competência, ganhando experiência e chegando a um posto importante em uma grande empresa. Nós não queríamos que nossos negócios fossem a escola básica, tanto para você quanto para o seu irmão.

– Agora você já sabe que chegou lá por sua própria capacidade, não porque foi protegida pelo seu pai – Ademir completou.

Carla sorriu e respondeu:

– Fico muito feliz por ser valorizada por você, pai. Principalmente porque você foi quem acreditou em mim, quando eu mesma não acreditava. Hoje eu entendo isso.

Conversaram sobre os detalhes da proposta e Carla ficou de dar uma resposta para Ademir, depois que pensasse um pouco mais.

Ademir disse que compreendia e aprovava a atitude da filha e lhe disse que não havia pressa em decidir. Afinal, as empresas estavam indo muito bem e Carla, como profissional, melhor ainda. Ele esperaria quanto fosse necessário.

Carla beijou o pai no rosto, sorriu, sentindo-se realizada, e se despediram.

Enquanto esperava o seu carro no estacionamento, Carla ligou para Rafa, contou a proposta que recebeu do pai e disse que eles precisavam sair para jantar e conversar sobre o futuro. E pediu que ele deixasse o filho dos dois com a mãe dele. A noite ia ser longa para aquelas duas mentes que estavam só começando a conquistar tudo o que sua imaginação poderia criar.

Diretora
Rosely Boschini

Gerente Editorial
Marília Chaves

Estagiária
Natália Domene Alcaide

Editora de Produção Editorial
Rosângela de Araujo Pinheiro Barbosa

Controle de Produção
Karina Groschitz

Projeto Gráfico e Diagramação
Aila Regina

Revisão
Entrelinhas Editorial

Capa
Eduardo Camargo

Imagem de Capa
enciktat/Shutterstock

Impressão
Prol Gráfica

Copyright © 2015 by Roberto Shinyashiki
Todos os direitos desta edição são
reservados à Editora Gente.
Rua Pedro Soares de Almeida, 114,
São Paulo, sp – cep 05029-030
Telefone: (11) 3670-2500
Site: http://www.editoragente.com.br
E-mail: gente@editoragente.com.br

Dados Internacionais de Catalogação na Publicação (CIP)
Angélica Ilacqua CRB-8/7057

Shinyashiki, Roberto
  A nova lógica do sucesso : acelere sua vida profissional e nunca pare de crescer
/ Roberto Shinyashiki. - São Paulo : Editora Gente, 2015.

ISBN 978-85-452-0050-5

1. Sucesso nos negócios 2. Orientação profissional 3. Planejamento empresarial
4. Ambiente de trabalho – Decisões I. Título

15-0743

CDD 158.7

Índices para catálogo sistemático:

1. Psicologia industrial   158.7

Este livro foi impresso
pela Prol Gráfica em papel norbrite 66,6 g e
composto em fonte Marta.

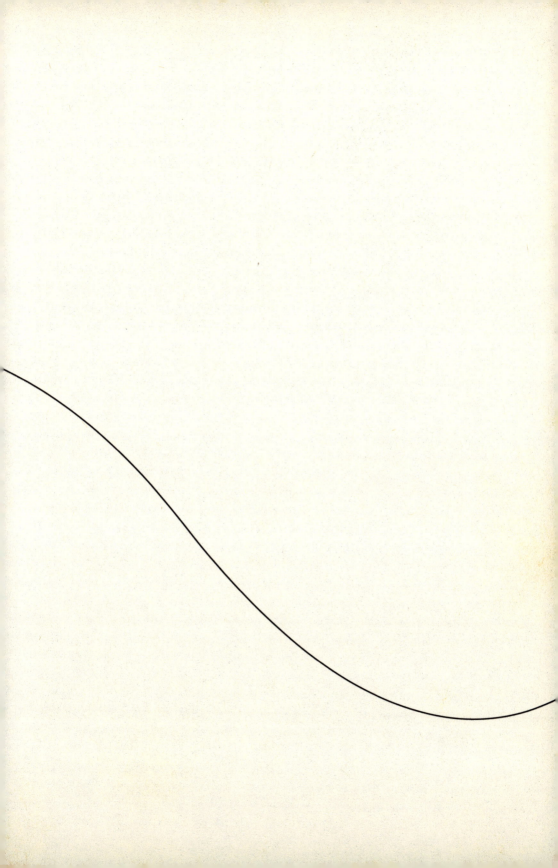

Preparei para os leitores deste livro um curso de **produtividade** que vai ajudar você a criar tempo para poder ter mais sucesso e ser muito mais feliz.

Saiba mais mandando e-mail para *info@institutogente.com.br*

Para retirar seus vídeos bônus, acesse o site
www.shinyashiki.com.br/leitores